TAISHUKAN shoten

〈クイズ〉英語生活力検定

小山内 大

大修館書店

まえがき

　私は，1990年から12年間アメリカの大学で教鞭をとり，2002年に帰国して以来，若い人達に大学で英語を教えていますが，昨今の大学生や若者の間に英語があまり好きではない人が多いことが気になっています。

　私は，学生や若者が英語嫌いになる理由が，文法及び読解を中心とした無味乾燥な英語教育にあるのではないかと考えています。大多数の若者が英語を中学・高校の6年間，さらに数年間大学で学習しておきながら簡単な日常会話すらできないことは，やはり悲しい事実として受け止めなければなりません。

　本書は私のこのような考察から生まれたもので，英語を「オヤ，ちょっとオモシロイな」と感じてもらい，さらに普段の英語学習の「やる気」につながるような書物にしたいと思い執筆しました。

　本書は恋愛，料理，食事，美容，子育て，学校，スポーツ，病気などだれにでも身近なトピックを扱っています。「ヘー，こんな時にはこう言うのか」という意外さと面白さを感じてもらえればと思っています。またイディオムも多くとりあげました。意外な表現から英語を楽しんでください。

　本書は2択及び3択のクイズ形式で作られていますが，ただ解答のみを示すのではなく，それぞれの

答えにその用法や関連する表現，また歴史的・文化的な背景の解説を付しています。

また，本書は最近のアメリカで実際に使われている自然な口語表現を基本として書かれています。辞書には載っていても，実際にはネイティブがほとんど使用しないような表現はできるだけ避けています。

本書の執筆に当たり，英語のアドバイザーとしてブレア・トムソン先生には筆者の度重なる質問・相談に快く付き合っていただきました。他に関東学院大学のリサ・ボンド先生，アメリカ在住の望月ひろみさんにもお世話になりました。また忍耐強く付き合っていただいた大修館書店の板谷英昭さんと社員の方々，皆様に厚く御礼を申しあげます。

本書が英語を学習している高校生・大学生，TOEIC や TOEFL，英検を目指している社会人の方々に，英語の勉強の際の息抜きとなり，さらに英語への興味が一層広がることに少しでもお役に立つことを願っております。

2008 年 9 月　東京電機大学の研究室にて

小山内 大

この本の使い方

●ひとつのテーマにそったクイズを見開き2ページで載せています。クイズの答えは右ページの下に載せています。

●それぞれの問題についている下のような四角は解答欄です。

1.

●本書奇数ページの右下にある下のような欄は，そのページの正解数をメモする欄としてご利用ください。欄内の数字はそのページの問題数です。205-206ページに本「検定」の級判定の基準を載せています。一通りクイズに挑戦した後に合計正解数と照らし合わせて，今後の皆さんの英語習得の目安として参考にしてください。

/5

....

＊「英語生活力検定」は検定試験として実際に実施されているものではありません。本書中で設定されている級の基準は英語習得の度合いの目安となるよう，独自の基準で定めたもので，具体的に英語能力を認定するものではありません。

〈クイズ〉英語生活力検定　目次

まえがき.....................003

この本の使い方.....................005

1. ひと言.....................013

1-1 **友達に会ってまず出る**こんなひと言
1-2 **贈り物をもらう／贈る**ときに言いたいひと言
1-3 **会話の中でよく出てくる**ひと言を英語で 1
1-4 **会話の中でよく出てくる**ひと言を英語で 2
1-5 こんな**(緊急？)**事態のときに言いたいひと言

〈クイズじゃないけどこんな言葉も〉「お先にどうぞ」

2. 学校・会社.....................025

2-1 「復習」「追試」, **学校での勉強**のあれこれ
2-2 その他, **学校にまつわる表現**を英語では？
2-3 「求人募集」「有給休暇」, **会社**のあれこれ
2-4 **給料のことや職業名, 働くこと**のあれこれ

〈クイズじゃないけどこんな言葉も〉「転校・転勤」

3. 身近な物.....................035

3-1 身近な**文房具・事務用品**を英語で呼ぶと？

3-2 身近な**工具や工作作業**のあれこれ

3-3 **自動車に関する英語**のあれこれ 1

3-4 **自動車に関する英語**のあれこれ 2

3-5 **服にまつわる英語**のあれこれ

3-6 **容器・物の数え方**を英語では？

〈クイズじゃないけどこんな言葉も〉「燃費がよい・燃費が悪い」

4. 算数 049

4-1 **小・中学校で習う算数の言葉**を英語では？

4-2 **身の回りの数字・計算**を英語では？

4-3 **「正方形」「円錐」, 図形**を英語で何と呼ぶ？

4-4 **円, 球にまつわる表現**あれこれ

4-5 **算数のテスト**に出てくる色々な言葉

〈クイズじゃないけどこんな言葉も〉「値下げ」

5. スポーツ 061

5-1 **「跳び箱」「綱引き」, 体育の時間**のあれこれ

5-2 **スポーツで使う英語**を正しく理解

5-3 さらに**スポーツに関する英語**あれこれ

5-4 **「接戦」「逆転」, 試合**に関するあれこれ

5-5 **オリンピックに関する英語**のあれこれ

〈クイズじゃないけどこんな言葉も〉「応援する」

6. 美容 073

6-1 **ダイエット**にまつわる英語表現に挑戦
6-2 「**脱毛**」などの**美容お手入れ**のあれこれ
6-3 **美容院・理髪店**で使う表現も覚えておきましょう
6-4 「**(カッコよく)きめる**」などを英語では？
6-5 「**にきび**」など**顔**にまつわるあれこれ
6-6 「**ボサボサ**」「**ツルツル**」，こんな様子を英語では？
6-7 「**ぽっちゃり**」「**やせすぎ**」，**体型**のあれこれ
6-8 **だらしない**，そんな表現を集めてみました
〈クイズじゃないけどこんな言葉も〉「**髪がきまらない**」

7. 病気・けが 091

7-1 **体の調子**がおかしい，こんなときは何と言いますか？
7-2 日頃の**健康のチェック**，英語で表現すると…
7-3 日頃かかえる**体の不調**を英語で表すと？
7-4 「**ぎっくり腰**」「**松葉づえ**」などを英語では？
7-5 新しい命，**命にかかわる事態**，英語で表現すると…
7-6 「**目薬**」「**注射**」，薬についての英語を知っていますか？
〈クイズじゃないけどこんな言葉も〉「**熱湯でやけど**」

8. 料理・食事 105

8-1 「**肉がかたい**」「**スープがうすい**」，英語では？
8-2 「**ビールの気が抜けている**」などを英語では？

8-3 「ネバネバ」などの, **触感・食感**を英語で表すと？
8-4 **調理器具,** また料理の基本「**切る」**の英語あれこれ
8-5 **火を使う調理,** 英語で何と言う？
8-6 卵や野菜・果物, **食材**についての英語
8-7 **身近な食材**なのになかなか言えない英単語

〈クイズじゃないけどこんな言葉も〉「湿気ってる」

9. 子育て 121

9-1 **子育ての話題**を英語にすると？
9-2 「**ワンワン」「ぽんぽん」,** 赤ちゃん言葉を英語では？
9-3 さらに,「**いないいないばー」**などを英語では？
9-4 懐かしい（？）**子供の遊び**を英語では？

〈クイズじゃないけどこんな言葉も〉「おねしょ」

10. 恋愛 131

10-1 英語で**デートに誘う**には？
10-2 **恋のウワサ話**や**別れ**などの恋愛フレーズ
10-3 **結婚する前／した後**のあれこれ
10-4 さらに, **恋愛にまつわるあれこれ**を英語では？

〈クイズじゃないけどこんな言葉も〉「別れる・よりを戻す」

11. 音・様子 141

11-1 「**ガタガタ」「キーキー」,** こんな音を英語では？
11-2 「**ゴロゴロ」「パタパタ」,** こんな音や様子を英語では？

11-3 「**ポタポタ**」「**ドボン**」, 水の音や様子を英語では？

11-4 「**キラキラ**」「**パッ！**」, 光る様子を英語で表すと？

11-5 「**クスクス**」「**ガラガラ**」, こんな音や様子を英語では？

11-6 「**ハクション！**」, 英語でくしゃみはどんな音？

11-7 「**ニャー**」, 猫は英語で何と鳴く？

11-8 「**ワンワン**」「**クンクン**」, 犬は英語で何と鳴く？

11-9 「**ピヨピヨ**」「**チュンチュン**」, 鳥は英語で何と鳴く？

11-10 「**ブーブー**」「**ヒヒーン**」, 色々な動物の鳴き声

〈クイズじゃないけどこんな言葉も〉「**ゴホン, ゴホン**」

12. 英語あれこれ 1 6 3

12-1 **身のまわりの物**を使った英語表現 1

12-2 **身のまわりの物**を使った英語表現 2

12-3 偏見？**国名, 国民**を使った英語表現

12-4 **動物が出てくる**こんな表現 1

12-5 **動物が出てくる**こんな表現 2

12-6 **人生についての**こんな表現

12-7 **色々な色**を使った色々な表現

12-8 **名前について**知っておくと便利なあれこれ

12-9 **有名な人々の名前**のあれこれ

12-10 **よく聞く名前**を使った表現あれこれ

〈クイズじゃないけどこんな言葉も〉
「**何でもぎりぎりになってからやる人**」

13. 日本の英語.....185

13-1 **英語に見えて英語でない言葉 1**

13-2 **英語に見えて英語でない言葉 2**

13-3 **英語に見えて英語でない言葉 3**

13-4 日本人には意外？この英単語の**別の意味**

〈クイズじゃないけどこんな言葉も〉「ノースリーブ」

14. 体の部位.....195

14-1 この**格好**を英語で表すと？

14-2 **体の部位**を使った表現・**初級**

14-3 **体の部位**を使った表現・**中級**

14-4 **体の部位**を使った表現・**上級**

〈クイズじゃないけどこんな言葉も〉「腕組み・足を組む」

級判定.....205

参考文献.....207

ひと言

1
ひと言

自分の気持ちを言い表せる簡単なひと言をクイズで覚えて使ってみましょう。

1-1 | 友達に会ってまず出るこんなひと言

💬 次の 1., 2. の日本語を英語で言うとそれぞれどれになるでしょうか？

1. 「久しぶり！」
- ❶ Long time no look.
- ❷ Long time no meet.
- ❸ Long time no see.

2. 「ねぇねぇ，**何があったと思う？**」（相手がびっくりするような話を切り出すときに。）
- ❶ Guess what?
- ❷ Imagine what?

📝 **解説** **1.**「長いこと会っていなかったね」という表現です。同様な表現の I haven't seen you for ages. や It's been a while. も覚えておきましょう。 **2.** guess は「推測する」という意味で Guess what? は「（何があったか）推測してみて」という意味です。Guess what? と言われたら，What? などと答えます。 **3.** What's cooking? は口語で，親しい間柄で用いられます。この場合の cook は happen と同じ意味で，

❸ Think what?

3. How are you doing? や How is it going?「**どうしてる？**」「**調子はどうですか？**」のように，友達に調子を尋ねるのに使えるのは次のどれでしょうか？

　❶ What's cooking?
　❷ What's dancing?
　❸ What's running?

4.「どうしてる？」などの挨拶に答えて，「**（よくないながらも）なんとかやってるよ。**」となるのは次のどれでしょうか？

　❶ I'm just getting by.
　❷ I'm just going by.
　❸ I'm just making by.

What's happening? に置き換えられます。　**4.** get by は「なんとか暮らしている・やっている」という意味の日常よく使う表現です。ビートルズの *With a little help from my friends* という曲に "Oh, I get by with a little help from my friends."「友人の助けでなんとかやって行けるんだ」と歌われています。

答え【1. ❸　2. ❶　3. ❶　4. ❶】

1-2 | 贈り物をもらう/贈るときに言いたいひと言

1. プレゼントを渡すときの「**これ，どうぞ。**」は次のどれでしょうか？

❶ I have a thing for you.
❷ I have nothing for you.
❸ I have something for you.

2. "**No strings attached.**" とプレゼントをくれた相手が言いました。この意味は次のどれでしょうか？

❶ この前のお礼です。
❷ たいしたものではありません。
❸ 下心があるわけではありませんよ。

📝 **解説** **1.** I have something for you. はプレゼントを渡すときの決まり文句です。something を使うことで，多少謙虚で控えめな気持ちが表せます。 **2.** string は「紐」，no strings attached の直訳は「紐つきではない」であり，それで「下心はありません」という意味に用いられます。 **3.** You shouldn't have. は，You shouldn't have done that. または You shouldn't have bothered.「そんなことをする必要はなかったのに」が省略されたものですが，日本語の場合と同様,

3. プレゼントをもらった時の，「**お気づかいなく。**」「**そんなことしてもらうなんて。**」を表すのは次のどれでしょうか？

① You can't have.
② You shouldn't have.
③ You surprise me.

4. プレゼントを渡したら，"**It's a nice gesture.**" と言われました。さてこれは次のどの意味なのでしょうか？

①親切にどうもありがとう。
②お気持ちだけで結構です。
③どういう風の吹き回し？

プレゼントをもらったときの儀礼的な表現です。**4.** It's a nice gesture. は，この表現を聞きなれていない人にとってはドキッとするかもしれません。こう言われると，「それはジェスチャー（かたちだけ）などではありません」と反論したくもなります。しかし，この表現では「みせかけ・思わせぶり」という意味はなく「とても素晴らしい行為です」と言っているのです。

答え【1.❸　2.❸　3.❷　4.❶】

1-3 | 会話の中でよく出てくる ひと言を英語で1

1. 相手が喜んでいるのに共感して言う「**それはよかったですね。**」を表すのは次のどれでしょうか？

① I'm good for you.
② I'm happy for you.
③ I'm pleasant for you.

2. 学校で先生の質問に生徒が手をあげて答えましたが，生徒の答えが間違っていたので先生は「**残念でした。**」と言いました。これを表すのは次のうちどれでしょうか？

① All right.
② Nice try.
③ Right on.

✏ 解説 1. これは，相手が喜んでいるのに対して共感を示すことができるとても便利な表現です。「それは良かった，私もあなた同様に幸せです」という意味です。 **2.** Nice try. は「いいトライですが，残念ながら…」と，相手の労をねぎらう意味に用いられます。
3. It happens. の直訳は「それは起こる」ですが，「よくあること」という意味に使われ，会話の相手に同調

3. 相手に共感または同調して言う「**よくあることだよ。**」を表すのは次のどれでしょうか？

　❶ It happens.
　❷ It is often.
　❸ It is usual.

4. 「試験に合格できなかったんだ。」とがっかりしている友人に，「**元気出せよ。僕も同じだよ。**」という励ましの言葉は次のどれでしょうか？

　❶ Join the club.
　❷ Join the family.
　❸ Join the team.

する場合に用いられます。（例）A：I forgot my umbrella on the train. B：It happens.「電車にかさを忘れてきちゃったよ。」「よくあるよね。」　**4.** この表現は，失恋や失敗を嘆く相手に，「私も同じ経験をしています，一緒に失恋［失敗］クラブに入りましょう」と相手に同情を示す表現です。

答え【1. ❷　2. ❸　3. ❶　4. ❶】

1-4 会話の中でよく出てくる ひと言を英語で2

1. 好きな男の子にふられてしまったことを友達に話したところ, "**What a shame!**" と言われました。この意味は次のどれでしょうか？

　❶うわっ，かっこ悪い！
　❷そうなると思っていたよ。
　❸それは残念だね。

2. けんかや言い争いの後で，「気にしてないよ，**水に流そう**。」を表すのは次のどれでしょうか？

　❶ No angry feelings.
　❷ No hard feelings.
　❸ No tough feelings.

✏ 解説　1. この表現は日本人には「なんて恥さらしだ」に聞こえますが，shame は「残念なこと」という意味です。　**2.** hard feelings は「人へのわだかまり」，No hard feelings. はつまり「恨みっこなし」という意味です。この表現を使うときには，同時に握手をして仲直りの意思を確かめるのが普通です。　**3.** mutual は「相互の・共通の」という意味。この表現は,

3. ある夫婦がけんかをした次の日,「昨日は言い過ぎたよ,悪かった。」と一方が切り出し,「いいえ私も言い過ぎたわ,私も悪かった。」と仲直りしました。では,このような**「同じ気持ちです。(お互い様。)」**を表すのは次のどれでしょうか?

❶ The feeling is equal.
❷ The feeling is mutual.
❸ The feeling is together.

4. 食事に誘われ「何食べる?(何を食べに行く?)」と問われたのに対して**「何でもいいよ。」**を表すのは次のどれでしょうか?

❶ I'm basic.
❷ I'm easy.
❸ I'm simple.

仲直りだけではなく,けんかで相手に非難や悪口を言われたときに「それはお互い様」とやり返すときにも使えます。 **4.** I'm easy (to please). は,「私は簡単に満足する人間なので,薦められたものは何でもいただきます」というオモシロイ表現です。

答え【1. ❸ 2. ❷ 3. ❷ 4. ❷】

1 ひと言　　　　　022

1-5 | こんな(緊急?)事態のときに言いたいひと言

● 次の 1.～ 4. の日本語を英語で言うとそれぞれどれになるでしょうか？

1. （ドアの向こうの相手に）「**どちら様ですか？**」
- ❶ Who are you?
- ❷ Who is it?
- ❸ Who can you be?

1.

2. 「**これまだ食べられる(腐ってない)？**」
- ❶ Is this still good?
- ❷ Is this still possible?
- ❸ Is this still well?

2.

■ 解説　**1.** 英語では顔が見えない人(ドアの向こうにいるような場合)には Who is it? で，顔を合わせている場合は May I ask who you are? などと尋ねるのが一般的です。Who are you? は，かなりぶしつけに聞こえます。電話で「どちら様ですか？」は Who's calling please?　**2.** good には食べ物が「腐っていない」「まだ食べられる」という意味があります。　**3.** fly

3. 「前(ズボンのファスナー)開いてるよ。」

❶ Your window is open.
❷ Your fly is open.
❸ Your pants are open.

4. 「おしっこちびっちゃった…」

❶ I had an accident.
❷ I'm in danger.
❸ I'm in a problem.

はズボンのファスナー，いわゆる社会の窓です。Your fly is undone. または You are flying low. という言い方もあります。ちなみに，「チャック」は和製英語で，英語では zipper や fastener です。**4.** I had an accident. は決まり文句です。「おしっこを漏らす」は wet one's pants と表現します。

答え【1. ❷　2. ❶　3. ❷　4. ❶】

1 ひと言　　　　　024

> クイズじゃないけど
> こんな言葉も

"After you."
"Thank you. I will go ahead then."

「お先にどうぞ。」
「ありがとうございます。ではお先に。」

✓ 入口で相手に先を譲る場合など，色々な場面で使える簡単な表現です。英語では「あなたの後に（私）」，日本語では「あなたが先に」と表現の仕方が違うので，知らないと迷ってしまう表現です。

学校・会社

2
学校・会社

学校や会社，働くことについてのいつもの言葉を英語にしてみるクイズです。

2-1 「復習」「追試」, 学校での勉強のあれこれ

1.「**カンニング**」を英語で何と言うでしょうか？
❶ cheating ❷ fooling
❸ tricking

💬 次の 2. ～ 5. の日本語に合うように ( ) に入る表現をそれぞれ選んでください。

2.「今日の授業の**復習**をしておきなさい。」
Go ( ) what you have learned in class today.
❶ again ❷ once ❸ over

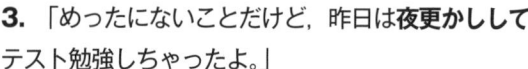

3.「めったにないことだけど, 昨日は**夜更かし**してテスト勉強しちゃったよ。」

✍ 解説 1.「カンニング」は和製英語で, cunning は「ズルさ」「狡猾さ」という意味。「カンニングしているところを見つかる」は be caught cheating です。 **2.** go over の他に「復習する」では review も使います。「予習」は preparation。 **3.**「(仕事・勉強のために) 夜更かしする」という意味では他に burn the

It hardly happens but I ( ) to study for the exams.

❶ kept up late ❷ stayed up late
❸ woke up late

4. 「歴史のテストをしくじって，**追試**を受けた。」
I took a ( ) exam because I screwed up on history.

❶ catchup ❷ followup
❸ makeup

5. 「午後は授業**サボって**マック(マクドナルド)にでも行こうか。」
Let's ( ) in the afternoon and go to McDonald's.

❶ hop classes ❷ jump classes
❸ skip classes

midnight oil という表現もあります。 **4.** makeup は「埋め合わせ」という意味。makeup exam で「追試」ですが，単に makeup だけでも同じ意味です。makeup class は「補講」。 **5.** 「授業をサボる」は skip classes の他に口語表現で play hooky があります。

答え【1. ❶ 2. ❸ 3. ❷ 4. ❸ 5. ❸】

2 学校・会社　　　028

2-2 | その他，学校にまつわる表現を英語では？

1. 「**通知表**」を英語で何と言うでしょうか？
① score card　② school record
③ report card

💬 次の2.～3.の日本語に合うように（　）に入る表現を選んでください。

2. 「アメリカでは，貧しい家の子供達には無料の**給食**が支給されている。」
Free (　) are provided for kids from low income families in the U.S.
① school lunches　② student foods
③ study lunches

📝 **解説　1.** 「通知表」は report card の他に school report という言い方もあります。　**2.** アメリカの school lunch は，日本の給食と比べると質素なことが多いです。　**3.** 他に，離れて暮らす家族が一堂に会することを family reunion と言います。　**4.** checkup だけでも「身体検査」を意味します。アメリ

3.「卒業後20年ぶりの高校の**同窓会**に出席したよ。」
I went to my (　　) 20 years after graduation.

① high school remember
② high school return
③ high school reunion

4. 身長, 体重, 視力などを測る「**身体検査**」, これを英語で何と言うでしょうか?

① physical inspection
② physical checkup
③ body search

5. 学校で先生が,「私のクラスには**利口ぶった子**が多くって。」と言いました。これを英語にすると下の(　　)に入るのはどれでしょうか?
I have many a (　　) in my class.

① smart alec　② smart bob
③ smart peter

カの学校では身体検査は行われず, physical checkup と言えば, 一般的に軍隊入隊時の身体検査です。 **5.** 口が達者で先生を困らせるような子のことです。Alec は1840年代にニューヨークで活動していた頭のいい泥棒 Alec Hoag にちなんでいます。

答え【1. ③　2. ①　3. ③　4. ②　5. ①】

2-3 「求人募集」「有給休暇」、会社のあれこれ

1. 「この会社は**求人募集**をしている。」を英語で言うと次の(　)に入るのはどれでしょうか？
There are several (　) in this company.
  ❶ job openings ❷ job hunters
  ❸ job recruiters

2. 「**新人**(新入り、新入社員)」を英語で何と言うでしょうか？
  ❶ junior ❷ starter ❸ recruit

3. 会社の中で、**public relations department** とは次のどの部署のことでしょうか？
  ❶人事部 ❷営業部 ❸広報部

解説　1. job opening は「開いている地位・部署」で、「求人」を意味します。「就職活動」は job hunting です。　**2.** recruit は「新兵・新入り」を意味します。また動詞で「人を勧誘する」という意味です。　**3.**「人事部(課)」は personnel department,「営業部(課)」は business department です。　**4.** leave は「休暇」を意味します。他にも sick leave「病気休暇」, annual

4.「有給休暇」は paid (　),「出産休暇」は maternity (　), ではこの(　)に共通して入るのは次のどれでしょうか?

① absence　② leave　③ off

5. 最近は派遣社員などの非正規雇用者の待遇改善が叫ばれていますが, 英語で「**派遣社員**」は次のどれになるでしょうか?

① part-time worker
② staff worker
③ temporary worker

6. 英語で「**出世する**」は「○○を昇る」と表現します。では何を昇るのでしょうか?

① footboard　踏み段
② ladder　はしご
③ staircase　階段

---

leave「年次休暇」などと言います。　**5.**「人材派遣会社」は temporary(または staff) agency です。　**6.** 英語圏では ladder「はしご」は比ゆ的に出世の意味に用いられます。会社内での出世は move up the corporate ladder, 社会での地位の上昇は move up the social ladder と表現します。

答え【1. ❶　2. ❸　3. ❸　4. ❷　5. ❸　6. ❷】

2 学校・会社　　　　　　032

2-4 | 給料のことや職業名,　働くことのあれこれ

1. 「**給料日**」を英語で何と言うでしょうか？
　❶ incomeday　❷ payday
　❸ salaryday

1.

2. 英語では,「**初任給**」を（　　）salary と言います。（　　）に入るのは次のどれでしょうか？
　❶ starting　❷ beginning
　❸ first

2.

3. astro- は宇宙に関係する言葉につきますが, **astronaut** とは次のどの職業でしょうか？
　❶宇宙飛行士　❷天文学者　❸星占い師

📝 **解説**　**1.** 英語圏の国の会社などでは2週間または月に一度給料が支給されるところが多いです。　**2.** starting salary は決まった言い方です。　**3.**「天文学者」は astronomer,「星占い師」は astrologer です。　**4.** paramedic は, 資格を取るのが比較的簡単で, 安定した給料が得られるのでアメリカの若者にわりと人気のある職業です。　**5.** teller は銀行の「金銭出納係」で bank teller とも言います。ATM は Automatic

4. paramedic は医療に従事するある職業名です。それは次のどれでしょうか？
❶救急医療隊員 ❷薬剤師
❸麻酔技師

5.「私は**銀行の窓口係**として働いています。」を英語で言うと( )に入るのはどれでしょうか？
I work as ( ) in a bank.
❶ a banker ❷ an officer
❸ a teller

6.「**報酬を期待しないで好きでする仕事**」のことを英語で labor of ( ) と言います。この ( ) に入るのは次のどれでしょうか？
❶ hobby ❷ love ❸ passion

Teller Machineの略です。 **6.** labor of loveは決まった言い方です。laborは「仕事」という意味でworkとほぼ同じ意味ですが，特に「苦労してする，骨の折れる仕事」の意味です。manual labor「肉体労働」，cheap labor「低賃金労働」などの表現も覚えておきましょう。

答え【1.❷ 2.❶ 3.❶ 4.❶ 5.❸ 6.❷】

> クイズじゃないけど
> こんな言葉も

*My father will **be transferred**.*
*It's a shame but I have to **change schools**.*

「父が**転勤する**ことになり、
残念だけど僕も**転校する**ことになりました。」

✎ 「転勤する」はbe transferred (to another branch [office])と言います。他にrelocate「転勤させる」とも言います。「転校する」は他にmove to another schoolで、「転校生」はtransfer studentです。

3 身近な物

いつも触れている物なのに，いざ英語にしようとすると困ることはありませんか。

身近な物

3-1 身近な文房具・事務用品を英語で呼ぶと？

1. fountain pen の直訳は「泉のペン」ですが、では次のどの筆記用具のことでしょうか？
 ❶ サインペン ❷ ボールペン ❸ 万年筆

2. 「**修正液**」を英語で何と言うでしょうか？
 ❶ white out ❷ white cover
 ❸ whitening

3. cellotape「**セロテープ**」はイギリス英語ですが、アメリカでは別の名前で呼びます。次のうちどれでしょうか？
 ❶ 3M tape ❷ Scotch tape
 ❸ Hotchkiss tape

☑ **解説** **1.** 万年筆の意味での fountain は「インク貯め（液体貯蔵容器）」を意味します。 **2.** white は修正液の色、out は「消し去る」という意味です。 **3.** 3M はアメリカの有名な電気・化学素材メーカーで、Scotch tape は厳密には 3M のブランド名です。Hotchkiss（ホチキス）は米国の発明家でまた企業ですが、日本で言う「ホチキス」は英語では stapler です。

4. 「**システム手帳**」を英語で何と言うでしょうか?
  ❶ personal arranger
  ❷ personal directory
  ❸ personal organizer

5. 「**蛍光ペン**」には,英語では,線を引いたところを「目立たせるもの」という意味の名前がついています。次のどれでしょうか?
  ❶ accent marker ❷ highlighter
  ❸ underliner

6. 「このポスターを壁に**画びょうでとめて**くれる?」を英語で言うと次の(   )に入るのはどれでしょうか?
Can you (   ) this poster on that wall for me?
  ❶ nail ❷ needle ❸ tack

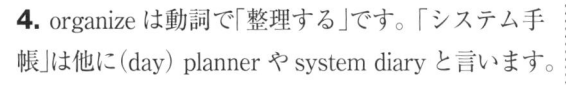

---

4. organize は動詞で「整理する」です。「システム手帳」は他に(day) planner や system diary と言います。 **5.** highlight は「強調する・目立たせる」という意味の動詞です。 **6.** 「画びょうでとめる」という動詞は tack を用います。「画びょう」には thumbtack, pushpin などの言い方があります。

答え【1. ❸ 2. ❶ 3. ❷ 4. ❸ 5. ❷ 6. ❸】

3-2 | 身近な工具や工作作業のあれこれ

1. 英語では「**日曜大工**」のことをアルファベット3文字で表します。次のどれでしょうか？

❶ DCY　❷ DIY　❸ MIY

2. 「**ネジが2, 3本ゆるんでいる**」を表す英文で正しいのはどちらでしょうか？

❶ A few volts came loose.
❷ A few screws came loose.

3. 英語では「**プラス**」のドライバーをある名前で呼びますが, 次のどれでしょうか？

📝 **解説 1.** do-it-yourself の略。日曜大工の店を DIY store と呼ぶこともあります。 **2.**「ねじ」は screw。ねじの意味での「ボルト」は bolt。volt は電位を表す単位です。ねじなどが「ゆるむ」は come (または become) loose と言います。 **3.** Phillips (フィリップス) は企業の名前です。最初にプラス溝の特許を取得し販売しました。 **4.** マイナスドライバーは和製英語。初めはドライバー (screwdriver) はマイナスの形のみでしたが, プラスのドライバーが発明され

❶ Alex　❷ Phillips
❸ Wilson

4. マイナスのドライバーの「**マイナス**」を英語で言うと次のどれになるでしょうか？

❶ standard　❷ negative
❸ straight

5. 家屋を「**改造・改築する**」を英語で言うと次のどれになるでしょうか？

❶ reform　❷ remake　❸ remodel

たことで互いに区別するために、もとの形のドライバー(マイナス)にも名前が必要になりました。現在マイナスドライバーには standard の他に slotted, flat, flat-tip, flat-head など様々な呼び名があり、各英語圏でも呼び名が違います。 **5.** 家やビルを「改築する」は remodel, renovate, reconstruct などと表現します。reform は「改革」「改心」の意味です。

答え【1. ❷　2. ❷　3. ❷　4. ❶　5. ❸】

3-3 | 自動車に関する英語の あれこれ1

1.「**シートベルトをして下さい。**」を英語で言うと次の( )に入るのはどれでしょうか？

Please ( ) your seat belt.

❶ bind ❷ fasten ❸ strap

1.

2.「土砂降りで**前方**が見えない。」という意味の正しい英文は次のどれでしょうか？

❶ I can't see ahead because of the heavy rain.
❷ I can't see before because of the heavy rain.
❸ I can't see front because of the heavy rain.

2.

✎ 解説 **1.** fasten はベルトなどを「締める」という意味です。 **2.** ahead は「前方(に)」です。他は before me や in front of me というようなかたちにする必要があります。 **3.** pull over は警察のパトカーが他の車を止める時に使う常套句です。「車を警察に

3. アメリカ映画で，パトカーが前方を走っている車に "**Pull over!**" とマイクで呼びかけるシーンをよく目にします。さて Pull over! とはどんな意味でしょうか？

❶窓から体を乗り出すのをやめなさい。
❷パトカーの進路を邪魔しないでください。
❸車を道路脇に寄せて止まりなさい。

4. 「**スピード違反の切符**」を英語で何と言うでしょうか？

❶ speeding ticket
❷ speed-over ticket
❸ over-speeding ticket

5. それでは「**覆面パトカー**」を英語で何と言うでしょうか？

❶ covered police car
❷ masking police car
❸ unmarked police car

止められてしまった。」は I got pulled over. と言います。 **4.** 名詞 speeding で「スピード違反」です。 **5.** unmarked は「印のない」「気付かれない」という意味です。

答え【1. ❷ 2. ❶ 3. ❸ 4. ❶ 5. ❸】

/5

3 身近な物　　　042

3-4 自動車に関する英語の あれこれ2

1. 「近くのショッピングモールへ，家族と**ドライブするの**が好きだ。」を英語で言うと下の(　)に入るのはどれでしょうか？

I like to (　) with my family to the nearby shopping mall.

❶ go for a drive　❷ go on a riding
❸ go riding up

1.

2. 他に口語で「**ちょっとドライブしようよ**」を英語で言うと次の(　)に入るのはどれでしょうか？

Let's take a (　).

❶ circle　❷ spin　❸ wheel

2.

📝 解説　1. 決まった言い方です。「ドライブ」を表わす英語には a drive の他に a spin，a joyride などがあります。　**2.** spin はタイヤの「回転」のこと。take a spin は目的があって自動車を運転するのではなく，楽しみや気晴らしのために運転することです。**3.** 他に turn signal と言います。winker はイギリス英語のかなり古い言い方で，今では使われません。**4.** アメリカでは，license plate を車の後ろに付ける

● 自動車に関する言葉は和製英語が多いです。次の言葉の本来の英語を下の❶〜❼からそれぞれ選んでください。

3. ウインカー
4. ナンバープレート
5. ハンドル
6. フロントガラス
7. エンジン・キー
8. ホイール・キャップ
9. バックミラー

❶ ignition key　❷ windshield　❸ hubcap
❹ rearview mirror　❺ blinker
❻ steering wheel　❼ license plate

だけで前に付ける義務のない州もあります。 **5.** handle は「取っ手」という意味です。 **6.** イギリス英語では windscreen と言います。 **7.** ignition は「点火」です。一般的には car key とも呼びます。 **8.** hub は車輪の中心部のことです。 **9.** イギリス英語では driving mirror と呼ぶこともあります。
答え【1. ❶　2. ❷　3. ❺　4. ❼　5. ❻　6. ❷
7. ❶　8. ❸　9. ❹】

3-5 | 服にまつわる英語のあれこれ

1.「**ハイソックス**」は和製英語です。では本来の英語では次のどれになるでしょうか？
　❶ knee-high socks
　❷ leg-high socks
　❸ thigh-high socks

2.「**パンスト（パンティストッキング）**」も和製英語です。では本来の英語では次のどれになるでしょうか？
　❶ pantyhose
　❷ pantytube
　❸ pantytights

✍ 解説 **1.** knee-high socks は文字通り「ひざの高さまでのソックス」のこと。ちなみに thigh は足のもも部分のことです。 **2.** pantyhose（パンティーホーズ）の hose は水まきに使うあの「ホース」です。足のところがホース状になっているので、このような名前がつきました。 **3.** one-size-fits-all は文字通り

3. 誰でも着ることができるサイズのことを「**フリーサイズ**」と言いますが、これも和製英語です。では本来の英語では次のどれになるでしょうか？

❶ all-in-one-size
❷ fitting-for-everyone
❸ one-size-fits-all

4. ズボンの「**ベルト通し**」を英語で何と言うでしょうか？

❶ loop ❷ ring ❸ belt hole

5. 「君のズボンは(長すぎて)**床を引きずっている**よ。」を英語で言うと次の(　)に入るのはどれでしょうか？

Your pants are (　) along the floor.

❶ sweeping ❷ trailing
❸ wiping

「ひとつのサイズで全てのサイズに合う」という意味。
4. loop は「輪」または「環状のもの」を意味します。
5. trail は、名詞で人や動物が通るための「小道」や動物が通った「跡」などの意味ですが、動詞で「衣服の裾などを引きずる」という意味もあります。
答え【1. ❶　2. ❶　3. ❸　4. ❶　5. ❷】

3-6 | 容器・物の数え方を英語では？

🗨 次の 1.～ 8. の物について，a piece of cake「ケーキ 1 切れ」のようにそれぞれの数え方(1 単位)を表す英語を，次ページの ❶～ ❽ から選んでください。

1. 石けん 1 個

2. 札束 1 束

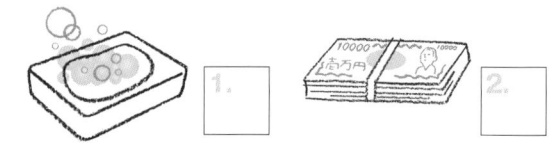

3. 砂糖 1 つまみ

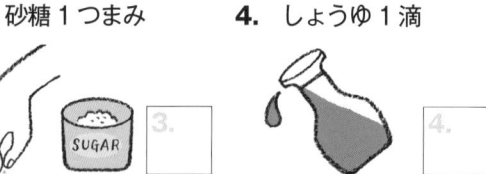

4. しょうゆ 1 滴

📝 **解説** **1.** a bar of soap：bar は「棒または棒状のもの」を意味します。 **2.** a wad of bills：wad は「紙・書類の束」，bill は「紙幣」を意味します。 **3.** a pinch of sugar：a pinch は「(砂糖・塩などの) 1 つまみ」を意味します。 **4.** a drop of soy sauce：a drop は「(液体の) 1 滴」「少量の液体」という意味です。 **5.** a bunch of bananas：bunch は「(果物などの)房・束」

5. バナナ1房　　**6.** ポテトチップス1袋

7. ジャム1瓶　　**8.** 牛乳1パック

❶ a jar of　　❷ a carton of　　❸ a bag of
❹ a bar of　　❺ a pinch of　　❻ a drop of
❼ a wad of　　❽ a bunch of

を意味します。　**6.** a bag of potato chips：bag（バッグ）はかばんや手さげなど袋類の総称です。**7.** a jar of jam：jar（ジャー）は「瓶・壺」という意味です。　**8.** a carton of milk：carton（カートン）の基本的な意味は「紙でできた箱」です。

答え【1. ❹　2. ❼　3. ❺　4. ❻　5. ❽　6. ❸　7. ❶　8. ❷】

クイズじゃないけど こんな言葉も

*This car is a **gas guzzler** so I want to buy a new one with **better gas mileage**.*

「この車は**燃費が悪い**ので、**燃費のよい**車に買い換えたい。」

📝 guzzle は「大食いする」で、gas guzzler は「ガソリンを大食いする車」という意味です。「燃費」は gas (または fuel) mileage です。「燃費が良い車」は fuel-efficient car などとも言います。

4

算数

小学生の頃，得意だった人にも不得意だった人にも役立つ算数の言葉のクイズです。

4-1 | 小・中学校で習う算数の言葉を英語では？

1. 「**16分の3**」を英語で言うと次のどれでしょうか？
① sixteen-third
② three-sixteenth
③ three-sixteenths

2. 「**奇数**」を英語で何と言うでしょうか？
① even number ② odd number
③ real number

3. A＞B「AはBより大きい」を英語で言うと次の（　）に入るのはどれでしょうか？
A is (　) than B.
① better　② greater　③ superior

📝 **解説**　**1.** 英語で分数(fraction)は分子を基数(one, two, three)で表します。分母は序数(first, second, third)で表します。分子が2以上のときは分母の序数が複数形になります。　**2.** even number「偶数」, real number「実数」です。　**3.** 逆に「AはBより小さい」(A＜B)はless thanで表します。　**4.** 例えば,「5の3乗は125」はThe cube of 5 is 125. や5 cubed

4. 「2乗」を英語では square（スクエア）ですが、では「**3乗**」は英語で何と言うでしょうか？
❶ cube　❷ pico　❸ triple

💬 5., 6. は数式を表しています。数式より導き出される答えをそれぞれ選んでください。

5. Four times three divided by two is (　　).
❶ three　❷ six　❸ twelve

6. Six minus three in parenthesis times two is (　　).
❶ three　❷ six　❸ twelve

is 125. のように表現します。　**5.** $4 \times 3 \div 2 = 6$：time は×（掛ける），divide は÷（割る）も覚えておきましょう。「掛ける」は multiply も使います。　**6.** $(6 - 3) \times 2 = 6$：parenthesis は「丸カッコ」。複数形は parentheses になるので注意しましょう。

答え【1. ❸　2. ❷　3. ❷　4. ❶　5. ❷　6. ❷】

4-2 身の回りの数字・計算を英語では？

1.「この時計は**3分遅れています。**」を英語で言うと次の（　）に入るのはどれでしょうか？
This clock is three minutes (　　).
　❶ back　❷ behind　❸ later

2. お酒が好きな人が一升瓶を半分飲み干した時点で残念そうに,「**もう半分しか残っていない。**」と言いました。このような見方でこの文を英語にすると次のどれになるでしょうか？
　❶ The bottle is half-empty.
　❷ The bottle is half-full.
　❸ The bottle is half-left.

💬 次の3., 4.の日本語を英語で言うとそれぞれどれになるでしょうか？

📝 **解説　1.** 逆に時計が「進んでいる」は fast を用います。　**2.** half-full でも同じ事実を表せます。しかし, half-full と言えば「まだ半分も残っている」という見方になります。　**3.** 上の位に繰り上げる場合は up, 切り捨てる場合は down を使います。　**4.** 時間を表す

3.「私は 28 歳です。**四捨五入する**と 30 です。」

① I'm 28 years old but 30 if I round it down.
② I'm 28 years old but 30 if I round it out.
③ I'm 28 years old but 30 if I round it up.

4.「**12 時 10 分前**。」

① It's 10 behind 12.
② It's 10 in front of 12.
③ It's 10 to 12.

5.「新興国からの需要に**比例して**ガソリン価格も上昇している。」を英語で言うと次の(　)に入るのはどれでしょうか？

Gas prices have gone up in (　) to the demand from developing countries.

① average　② line
③ proportion

のに使われる to は「〜まで」という意味で，この問題では「12 時までに 10 分(ある)」という意味です。　**5.** proportion は「割合」「比率」などを意味する名詞です。in proportion to 〜 で「〜に比例して」です。

答え【1. ②　2. ①　3. ③　4. ③　5. ③】

4-3 「正方形」「円錐」, 図形を英語で何と呼ぶ?

💬 「三角形— triangle」のように, 次の1.～7.の図形を表す英語を次ページの❶～❼からそれぞれ選んでください。

1. 正方形

2. 長方形

3. 平行四辺形

📝 **解説** **1.** square には「正方形」の他に「広場」などの意味があります。 **2.** rect- は「まっすぐ」などの意味で, rectangular で「長方形の」という意味の形容詞です。 **3.** parallel は「平行」を意味する言葉。ちなみに日本語の「平行線」は「不一致・物別れ」を意味しますが, 英語では「類似・同様・一致」などを意味します。 **4.** the Pentagon はまた米国国防総省の五角形の建

4. 五角形

[4.]

5. 六角形

[5.]

6. 円錐

[6.]

7. 円柱

[7.]

❶ cone　❷ cylinder　❸ hexagon
❹ parallelogram　❺ pentagon
❻ rectangle　❼ square

物の名前です。 **5.** hexa- は「6」を意味し，-gon は「～角形」という名詞を作ります。 **6.** ソフトクリームのコーンなど様々な円錐形状のものを cone と呼びます。（例）ice-cream cone　**7.** 円柱でも建築物の「丸い柱」は column または pillar と呼びます。

答え【1.❼　2.❻　3.❹　4.❺　5.❸　6.❶　7.❷】

/7

4-4 | 円, 球にまつわる表現あれこれ

💭 次の 1.～7. の円(circle)や球に関する表現を英語で表すとそれぞれどれになるでしょうか？次ページの❶～❼から選んでください。

1. 中心
2. 直径
3. 半径
4. 円周

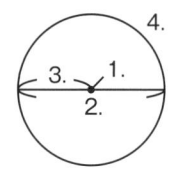

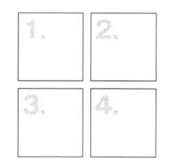

📝 **解説** **1.** center は「中心・核心・中心地」などの意味です。 **2.** dia- は「横切って」, meter は「測ること」, diameter「直径」の原義は「横切って測ったもの」です。 **3.** 天体の半径は semidiameter と言います。 **4.** circum- は「周り」の意味で, circumference は「円周」または「周囲」という意味です。（例）The circumference of Lake Biwa is 235 km.「琵琶湖の全周は 235 キロ。」 **5.** sector には他に産業などの「部

5. 扇形

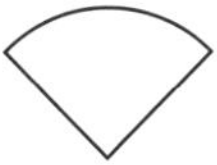

6. 楕円形

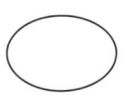

7. 球

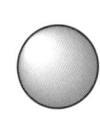

❶ center　❷ circumference　❸ diameter
❹ oval/ellipse　❺ radius　❻ sector
❼ sphere

門・分野」などの意味があります。「扇形」を一般的に表す表現の fan-shape も覚えておきましょう。 **6.** ホワイトハウスの大統領執務室は楕円形なので the Oval Office と呼ばれています。**7.** sphere は「球・球体状のもの」を表し、「天球」などの意味にも用いられます。

答え【1. ❶　2. ❸　3. ❺　4. ❷　5. ❻　6. ❹　7. ❼】

4-5 | 算数のテストに出てくる色々な言葉

1. 「**直角**」を英語で言うと(　) angle ですが，(　)に入るのは次のどれでしょうか？

❶ correct　❷ direct　❸ right

2. 「**対角線**」を英語で何と言うでしょうか？

❶ diagonal line
❷ oblique line
❸ parallel line

3. 算数のテストで「次の円の**面積**を求めなさい」とテスト用紙に書いてあります。次の(　)に入るのはどれでしょうか？

📝 **解説** **1.** right には「直角の」という意味もあります。acute angle で「鋭角」，obtuse angle で「鈍角」です。acute「鋭い」，obtuse「鈍い・のろい」も覚えておきましょう。　**2.** diagonal は「対角の」という意味です。diagonally across で「斜め向かい」です。(例) The bank is diagonally across from the convenience store.「銀行はコンビニの斜め向かいにあります。」　**3.** area は「面積・地域・場所」を表す一般的な言葉で

Find the ( ) of the circle.
  ① area ② place ③ region

4. 立方体の「高さ」は height，「幅」は width，では「**奥行き**」は何と言うでしょうか？
  ① depth ② length ③ span

5. （算数から少し離れますが）地球は球体，では「**赤道**」を英語で何と言うでしょうか？
  ① axis
  ② equator
  ③ red-line

す。region もほぼ同じ意味ですが，area より広い面積や地域に用います。算数・数学で使う「面積」は area です。ちなみに「体積」は volume です。 **4.** high の名詞は height，wide の名詞は width で，deep の名詞は depth です。 **5.** 他に the axis of the earth「地軸」，latitude「緯度」，longitude「経度」なども覚えておきましょう。

答え【1. ❸ 2. ❶ 3. ❶ 4. ❶ 5. ❷】

4 算数　　　　　　　060

クイズじゃないけど こんな言葉も

*The sales person **knocked down** the price by three hundred thousand yen, so I bought the car.*

「セールスマンが30万円値下げしてくれたので，この車を買ったよ。」

> ✎ 「値切る」「値下げする」については色々な言い方があります。ask for a discount, get a discount「安くしてもらう」，beat the price down「値引かせる」，give a discount「値引く」など。

5 スポーツ

学校の体育の時間からスポーツ観戦まで，使える英語をクイズで。

5-1 「跳び箱」「綱引き」,体育の時間のあれこれ

1. 学校での授業としての「**体育**」は英語で何と言うでしょうか?
   ❶ athletic education
   ❷ gymnastic education
   ❸ physical education

2. 「一緒に**縄跳び**しよう!」と英語で言うと次の( )に入るのはどれでしょうか?
Let's (   ) together!
   ❶ step code ❷ jump rope
   ❸ skip string

3. 「**腹筋**(運動)」を英語で何と言うでしょうか?
   ❶ lift-ups ❷ push-ups ❸ sit-ups

■ 解説 1. さらに physical education を省略してPE と呼ぶのが一般的です。 **2.** 「縄跳びをする」はjump rope や skip rope と表現します。 **3.** 腹筋運動は,寝た状態から,上半身を起こして座った状態になるので, sit-ups と言います。 **4.** tug は「グイッと

4. 運動会でおなじみの種目,「**綱引き**」を英語で何と言うでしょうか？
① cable-of-war　② rope-of-war
③ tug-of-war

5.「**跳び箱**」は英語で何と言うでしょうか？
① flying box　② hopping box
③ vaulting box

6. 水泳の泳法である breaststroke を日本語に訳すと次のどれになるでしょうか？
①平泳ぎ　②背泳ぎ　③クロール

引く」という意味です。　**5.** vault は「跳び越える」という意味です。　**6.** breast は「胸」, stroke は「(水などを)ひとかき」を意味します。「背泳ぎ」は backstroke,「クロール」は crawl(「這う」という意味)です。

答え【1.❸　2.❷　3.❸　4.❸　5.❸　6.❶】

/6

5-2 | スポーツで使う英語を正しく理解

1. サッカーでよく使う言葉「**ナイスシュート**」は和製英語、では本来の英語は次のどれでしょうか？

❶ excellent shoot　❷ good shot
❸ nice shooting

1.

2. サッカーでの「**ロスタイム**」も和製英語、では本来の英語は次のどれでしょうか？

❶ additional time　❷ extra time
❸ lost time

2.

3. 「**ヘディングシュート**で得点する」を英語で言うと次の(　)に入るのはどれでしょうか？
scoring a goal with a (　)

❶ header　❷ heading　❸ head-kick

3.

✎ 解説　**1.** shot は名詞で「ひと蹴り」、shoot は基本的には動詞で「撃つ」「発射する」を意味します。　**2.** additional は「追加の・余分の」という意味です。他に injury time とも言います。　**3.** heading (ヘディング)は通常、動詞 head「〜の方向に行く」の進行形です。(例)Where are you heading?「どこに行くの？」

4. 「**フライングする**」も和製英語, では本来の英語は次のどれでしょうか?

① ignore the gun ② jump the gun
③ skip the gun

5. 次のうち, play baseball のように play... と<u>言わない</u>スポーツはどれでしょうか?

① pool (または billiards) ビリヤード
② golf
③ archery

6. 次のボクシングの体重別階級の中で, 一番軽いのはどれでしょうか? (＊英語の意味から類推しても正解とはならないかも?)

① featherweight ② flyweight
③ bantamweight

---

4. jump the gun は「早合点する」という意味。正式には make a false start です。 **5.** アーチェリーの場合は do archery または I am an archer. などと表現します。 **6.** 階級の順番は軽い方から fly「ハエ」, bantam「チャボ」, feather「羽」の順です。

答え【1. ❷ 2. ❶ 3. ❶ 4. ❷ 5. ❸ 6. ❷】

/6

5-3 さらにスポーツに関する英語あれこれ

1. 競技場はスタジアム(stadium)と言いますが,アメリカでは「**野球場**」には別の呼び名があります。それは次のどれでしょうか？

　❶ ball land
　❷ ball park
　❸ ball plaza

2. アメリカン・フットボールのリーグ NFL の優勝決定戦「スーパーボウル」の「ボウル」と同じつづりの英単語は,下の下線の付いた語のどれでしょうか？

　❶ <u>bawl</u> baby ワーワー泣き叫ぶ赤ちゃん
　❷ base<u>ball</u>
　❸ salad <u>bowl</u>

📝 **解説** **1.** アメリカでは ball park で普通,野球場を指します。 **2.** bowl は「鉢・碗」で,すり鉢型の「円形競技場」の意味もあります。トイレの便器もすり鉢状なので toilet bowl と呼びます。 **3.** track は「走路」,field は走路に囲まれた部分などの「競技場」です。 **4.** 通常 baseball には6人の umpire, boxing には1人の referee と数名の judge, soccer には3人の

3. 「**陸上競技**」を英語で何と言うでしょうか？
　❶ land sports events
　❷ running and jumping events
　❸ track and field events

4. 「**審判**」は英語では umpire, referee, judge などと色々と訳せます。では referee が<u>いない</u>スポーツはどれでしょうか？
　❶ baseball　❷ boxing　❸ soccer

5. スポーツ界には，優秀な成績を残した選手は「**殿堂入り**」する習わしがありますが，さてこの「殿堂」を英語で表すと次のどれでしょうか？
　❶ the Castle of Fame
　❷ the Hall of Fame
　❸ the Palace of Fame

referee（時に第4の審判も）がいます。　**5.** the Hall of Fame があるのは野球，フットボール，テニス，レスリングなど。スポーツ界だけではなく，音楽界にも the Hall of Fame があります。例えば the Rock and Roll Hall of Fame があります。

答え【1. ❷　2. ❸　3. ❸　4. ❶　5. ❷】

5-4 「接戦」「逆転」, 試合に関するあれこれ

1. サッカーなどの試合の前にコイントス(coin toss)をしますが, では英語でコインの**「表か裏か」**は何と言うでしょうか?
- ❶ Face-up or face-down?
- ❷ Front or back?
- ❸ Heads or tails?

💭 次の 2. ～ 4. の日本語に合うように(　)に入る表現を選んでください。

2.「楽天が**3点リード**しています。」
Rakuten is leading (　) three points.
- ❶ at　❷ by　❸ with

3.「浦和レッズと鹿島アントラーズの昨日の試合は

📝 **解説　1.** 昔から硬貨の表面には統治者などの首から上の部分 head が描かれてきました。それで head と tail (しっぽ)との対で呼びます。　**2.** by は「差」を表します。　**3.** neck-and-neck は競馬用語です。文字通り首の差での争いという意味です。　**4.**

大接戦だった。」

Yesterday Urawa Reds and Kashima Antlers played a (　) game.

❶ head-and-head　❷ leg-and-leg
❸ neck-and-neck

4.「甲子園ボウルで，関西学院大は日大に**逆転勝ち**した。」

Kwansei Gakuin University had a (　) win against Nippon University at the Koshien Bowl.

❶ come-from-behind
❷ come-from-rear
❸ come-from-back

5. トーナメント方式のスポーツ大会で，**tournament favorites** とは何を意味するでしょうか？

❶優勝候補　❷シード権　❸不戦勝

---

come-from-behind は形容詞として使われ「逆転の」（勝利）の意味に使われます。**5.** favorite は通常「お気に入り」の意味，競技会などについて用いると「本命・優勝候補」の意味になります。

答え【1. ❸　2. ❷　3. ❸　4. ❶　5. ❶】

/5

5-5 | オリンピックに関する英語のあれこれ

1. 「**オリンピック**」を正式に英語で言うと次のどれでしょうか？
- ❶ The Olympic Events
- ❷ The Olympic Games
- ❸ The Olympic Tournaments

2. オリンピックでの金メダルは gold medal, 銀は silver medal, では「**銅メダル**」は次のどれでしょうか？
- ❶ copper medal ❷ platinum medal
- ❸ bronze medal

3. 2008年のオリンピックの聖火リレーは世界中で物議をかもしました。では「**聖火ランナー**」を英語で何と言うでしょうか？

📝 **解説 1.** オリンピックでは様々な競技が競われるので，<u>games</u> とすることに注意してください。 **2.** bronze は「青銅」です。 **3.** bearer は「運搬する人」という意味です。 **4.** オリンピックのモットーはラテン語で Citius, Altius, Fortius で「より速く，より高

❶ torchbearer ❷ torchcarrier
❸ torchrunner

4. オリンピックの3つのモットー (motto) は次のどれでしょうか？
❶ fast, high, strong
❷ faster, higher, stronger
❸ the fastest, the highest, the strongest

5. オリンピックには近代「五種」「七種」「十種」という競技がありますが，**「五種競技」**は次のどれでしょうか？
❶ the decathlon ❷ the heptathlon
❸ the pentathlon

く，より強く」です。　**5.** penta- は「5」，hepta- は「7」，deca- は「10」を意味します。(例) pentagon「五角形」, heptagon「七角形」, decade「10年間」

答え【1. ❷　2. ❸　3. ❶　4. ❷　5. ❸】

クイズじゃないけど こんな言葉も

*Which professional baseball team **are** you **rooting for**?*

「どのプロ野球チームを応援しているの?」

☑ root for「応援する」はアメリカでよく用いられる言い方です。他にも cheer for や support なども使います。

6
美容

毎日のお手入れに忙しい人にも,美容に興味のない人にも使える表現を集めてみました。

6-1 | ダイエットにまつわる英語表現に挑戦

💬 次の 1.〜 3. の日本語に合うように（　）に入る表現をそれぞれ選んでください。

1.「来週から**ダイエットする**ことにした。」
I decided to (　) a diet from next week.
　❶ do on　❷ go on　❸ take on

2.「最低でも週に２日は**ジムでエクササイズして**います。」
I do a (　) at least twice a week in the gym.
　❶ muscleup　❷ shapeup
　❸ workout

📝 **解説** **1.** go on a diet で「ダイエットする」、「ダイエットしている」は be on a diet です。diet は、名詞で「食事・食品・規定食」、動詞で「食事量を減らす・ダイエットする」という意味です。　**2.** do a workout や work out で「トレーニング・運動をする」です。"Do you work out?"「トレーニングしてる？」は、アメリカの若者の間では挨拶代わりに使われています。　**3.**

3.「私はやせたいので，**新陳代謝を上げるように**しています。」

Since I want to lose some weight, I have tried to (　　) my metabolism.

❶ lift up　❷ pull up　❸ speed up

4. **ランニングマシン**は和製英語です。英語では(粉をひくため)ぐるぐる回転させる機器を mill「ミル」と言い，ランニングマシンも(　　)mill と呼びます。さて英語での呼び名は次のどれでしょうか？

❶ runningmill（ランニングミル＝走って動かす）

❷ stepmill（ステップミル＝歩いて動かす）

❸ treadmill（トレドミル＝足で踏んで動かす）

---

raise one's metabolism とも言います。metabolism は「新陳代謝」の意味です。「新陳代謝がよい／活発である」は have good/high metabolism で，逆に「新陳代謝が悪い／低い」は have bad/low metabolism と言います。**4.** もとは犯罪者を処罰する目的で，刑務所で囚人を treadmill に乗せて歩かせました。

答え【1.❷　2.❸　3.❸　4.❸】

6-2 「脱毛」などの美容 お手入れのあれこれ

🗨 次の 1.～5. の日本語に合うように(　)に入る表現を選んでください。

1.「彼女は今朝は**化粧が濃い**。」
She is wearing (　) make up this morning.
❶ hard　❷ heavy　❸ strong

2.「今日はピンクの**マニキュアにする**。」
I'll (　) pink nail polish today.
❶ make　❷ brush　❸ put on

3.「すねの**脱毛(除毛)**をします。」
I'll (　) the hair from my legs.
❶ take　❷ pull out　❸ remove

📝 **解説　1.**「濃い(化粧)」は heavy の他に a lot of または too much なども使えます。逆に「彼女は薄化粧です」は She wears a touch of make up. と言います。また，make up で 1 語の名詞です。一般的に「化粧をしている」には wear を，「化粧をする」には put on を使います。　**2.** 他に paint one's nails または manicure でも「マニキュアを塗る」という表現になり

4. 「彼女は**口紅を直し**に化粧室へ行く。」
She goes to the powder room to (　　) her lipstick.

❶ fix　❷ make　❸ try on

5. 「日焼け止め**クリームを塗り**忘れた。」
I forgot to (　　) sun block.

❶ apply　❷ cream　❸ paste

6. 美容のために十分睡眠をとることを beauty sleep と言います。では「**ぐっすり眠りなさい**」と子供などに言うときには "Good night, sleep (　　)." と言いますが、この(　　)に入るのは次のどの語でしょうか？

❶ heavy　❷ strong　❸ tight

ます。 **3.** remove は「取り除く」という意味です。 **4.** fix は「直す・修正する」という意味です。 **5.** apply には「(化粧品を)塗る」「(ペンキなどを壁などに)塗る」の意味があります。put on も使えます。 **6.** 決まった言い方です。「ぐっすり眠る」では他に sleep fast (または sound) などと言います。

答え【1. ❷　2. ❸　3. ❸　4. ❶　5. ❶　6. ❸】

6-3 | 美容院・理髪店で使う表現も覚えておきましょう

💬 次の 1.～4. の日本語に合うように( )に入る表現を選んでください。

1.「美容院で**髪を整えてもらった**（髪型を変えずに少し切ってもらう程度）。」
I had my hair ( ) at the beauty salon.
❶ arranged ❷ prepared
❸ trimmed

2. （美容院で）「**髪をセット**してください。」
Would you ( ) my hair, please?
❶ do ❷ have ❸ make

📝 **解説 1.** trim は「(切って・削って)形を整える・手入れをする」という意味です。 **2.** do は「整える・きれいにする」という意味でも使われます。例えばI do my nails. で「爪を整える」です。 **3.** perm は permanent の略です。「パーマをかけてもらう」は I have my hair permed. とも言います。 **4.** 髪を「染める」は dye または color を用います。 **5.** 一般的に

3. 「パーマをかけようと思っているの。」

I think I'll (　) a perm.

❶ get　❷ set　❸ put

4. 「髪を明るい茶色に染めるつもり。」

I'll (　) my hair light brown.

❶ put　❷ dye　❸ paint

5. 下のイラストの髪型は英語である動物の名を使って (　)tails「○○のしっぽ」と言います。ではどの動物のしっぽなのでしょうか？

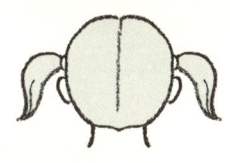

❶ dogtails　❷ pigtails
❸ ponytails

「おさげ」やイラストの髪型を pigtails と呼びます。tail は「しっぽ」のことですが，車や飛行機の「後部」，コインの「裏側」，服やズボンの「裾」，行列の「最後尾」，グループや組織での「下っ端」，「お尻」などなど英語では様々な意味に用いられます。

答え【1.❸　2.❶　3.❶　4.❷　5.❷】

6-4 「(カッコよく)きめる」などを英語では?

💬 次の 1.～4. の日本語に合うように( )に入る表現をそれぞれ選んでください。

1. 「パーティには**平服**でいらしてください。」
Please dress ( ) for our party.
❶ casually ❷ plainly ❸ quietly

2. 「外で作業をするから**汚れてもいい服を着**なさい(いつもよりラフな格好にしなさい)。」
You have to dress ( ) because we'll do outdoor work.
❶ down ❷ off ❸ out

📝 **解説** **1.** dress casually で「平服で」という意味です。 **2.** dress down も「控えめな・カジュアルな服装をする」という意味です。down で格式を「下げる」ということです。 **3.** look sharp は通常は,スーツにネクタイ,きちっとした髪に革靴というきちんとしたビジネスルックのことを言います。 **4.** dress to

3.「彼は就職面接のためにスーツも髪も**きめる**。」
He has to look (　　) for the job interview.
　❶ cool　❷ dandy　❸ sharp

4.「彼女はブランド物のドレスで**最高にきめる**。」
She dresses to (　　) in brand-name outfits.
　❶ kill　❷ punch　❸ strike

5.「何もかもうまく行かない日」のことを表す表現として，最近特にアメリカの女性や若者は bad (　　) day とよく言います。では，特に何が "bad" な日と言うのでしょうか？
　❶ dress　服装がいまいちの日
　❷ hair　ヘアスタイルがうまくきまらない日
　❸ make up　化粧がうまくきまらない日

kill は「男性を悩殺するためにおめかしする」という意味で，特に若者の間で使われる表現です。 **5.** bad hair day という表現は，1990年代からアメリカの若者の間で使われるようになりました。

答え【1. ❶　2. ❶　3. ❸　4. ❶　5. ❷】

6-5 「にきび」など顔にまつわるあれこれ

1. 「**にきびができた**」を英語で言うと次の(　)に入る語はどれでしょうか？
I got (　) on my face.
　❶ freckles　❷ moles　❸ pimples

2. dimple は，顔のある場所に現れます。さて，それが現れる場所は次のどこでしょうか？
　❶ cheek　ほほ　❷ forehead　おでこ
　❸ temple　こめかみ

3. 英語には five-o'clock shadow「5 時に現れる影」という表現があります。その意味は次のどれでしょうか？
　❶午後 5 時ごろ，退社する頃に，化粧が落ちてきていること。

✍ 解説 **1.** freckle は「そばかす」，mole は「ほくろ」です。　**2.** dimple は「えくぼ」の意味です。　**3.** ひげが濃く，朝に剃ったひげが夕方には青々としてくる人，皆さんの周りにもいるのでは。　**4.**「一重まぶた」は slanted eyelid や Asian eyelid と言います。　**5.** 肌の色は人種差別につながるので，white や black

❷午後5時ごろ，朝に剃ったひげがのびてきて，顔が青々としていること。
❸午前5時ごろ，徹夜して疲れきった顔が青白くなっていること。

4. 英語で「まぶた」のことを eyelid と言います。では「**二重まぶた**」は何と言うでしょうか？
❶ double eyelid ❷ second eyelid
❸ twin eyelid

5. 英語で日本人の肌の色を聞かれると，yellow と答えてしまいがちですが，これは差別となります。さて一般的に日本人の肌の色を表す言い方は次のどれでしょうか？
❶ fairly cream ❷ fairly dark
❸ fairly light

などの言い方は避けるべきです。その代わりに light「明るい」とか dark「暗い」などの表現を使うのが適切です。fairly は「いくらか」と後ろの語の度合いを表します。

答え【1. ❸ 2. ❶ 3. ❷ 4. ❶ 5. ❸】

6-6 「ボサボサ」「ツルツル」、こんな様子を英語では？

💬 次の 1. ～ 5. の日本語に合うようにそれぞれの英文の（　）に入る表現を次ページの❶～❺の中から選んでください。

1.「今朝は**髪がボサボサ**のまま学校に行っちゃった。」
I hurried to school with (　) hair.

2.「新しいスキン・ローションで，**肌がツルツル**。」
Since I use new skin lotion, my skin feels very (　).

3.「焼肉食べると，**顔がギトギト**になるんだよなあ。」

📝 **解説　1.** messy は「乱れた状態」を表す形容詞。「ボサボサに伸びた髪」は unkempt hair などと表現します。　**2.** smooth は物の表面が「なめらかな」「すべすべした」状態を表します。　**3.** grease は「油脂」，greasy は「油でギトギトしている」という意味です。　**4.** 肌が「乾いている」を表す形容詞は dry の他に

After eating *Yakiniku*, my face becomes (　).

4.「肌が**カサカサ**なので，お化粧ののりが悪いの。」
My skin is so (　) that I can't put on make up easily.

5.「40歳過ぎて**ピチピチの肌**を保つのは難しいのよね。」
It is difficult to keep your skin looking (　) after age 40.

❶ dry　❷ fresh　❸ greasy
❹ messy　❺ smooth

rough などがあります。　**5.** fresh は食材や肌などが「ピチピチ」している状態を表します。「活発な」という意味で「ピチピチ」を言う場合は，sprightly, lively または spirited を用います。

答え【1. ❹　2. ❺　3. ❸　4. ❶　5. ❷】

6-7 「ぽっちゃり」「やせすぎ」、体型のあれこれ

💬 次の 1.〜5. の日本語に合うように(　)に入る表現を選んでください。

1. 「彼女は**カッコよくやせたい**と思っている。」
She wants to be (　).
　❶ skinny　❷ slim　❸ thin

2. 「彼女は**均整のとれた**体型をしている。」
She has a (　) body.
　❶ well-proportioned
　❷ nicely-balanced
　❸ finely-styled

📝 **解説**　**1.** thin「細い」と skinny「ガリガリにやせている」はほめ言葉ではありません。やせた体型をほめる言葉は slim か slender です。　**2.** 他に「彼女／彼はスタイルがいい」を英語で言うと、She has a nice figure. または He is well-proportioned. などと言います。　**3.** 他に powerfully-built や strongly-built など

3. 「彼は**たくましい**体をしている。」

He has a ( ) body.

❶ greatly-built　❷ toughly-built

❸ well-built

4. 「私の娘は**ぽっちゃり**していてとてもかわいい。」

My daughter is ( ) and so cute.

❶ itchy-bitchy　❷ nitty-gritty

❸ roly-poly

5. 「彼は**やせすぎ**だ。」

He is as thin as a ( ).

❶ needle　❷ skeleton　❸ snake

6. 英語では，「**最高にきれいでセクシーな女性**」をある動物にたとえますが，次のどれでしょうか？

❶ cheetah　❷ fox

❸ poodle

の表現があります。 **4.** roly-poly（ローリーポーリー）は「元気よく丸々太った」という意味です。 **5.** skeletonは「骸骨」です。 **6.** 西洋では，きつねには魅力的で小悪魔的な女性のイメージがあります。

答え【1.❷　2.❶　3.❸　4.❸　5.❷　6.❷】

6-8 だらしない，そんな表現を集めてみました

1. 「**耳あか**」を英語では何と言うでしょうか？
① eardrum ② earlobe ③ earwax

💬 次の2.～6.の日本語に合うように（ ）に入る表現を選んでください。

2. 「人前で**鼻をほじる**な！」
Don't ( ) your nose in public!
① clean ② dig ③ pick

3. 「あなた**口がくさい**わよ。」

📝 **解説　1.** 西洋人はたいてい耳あかが湿っていることを考えると，「ワックス」も覚えやすいでしょう。eardrum は「鼓膜」，earlobe は「耳たぶ」です。　**2.** pick one's nose で「鼻をほじる」です。　**3.** 口臭は bad/foul breath または mouth odor です。「息がくさい」は Your breath smells. とも表現します。　**4.** slide down で「ものが滑り落ちる・ずり落ちてしまう」という意味です。　**5.** tuck は「狭い場所にものを押し込む・挟み込む」という意味です。（例）I tuck

You have bad ( ).
① breath ② mouth ③ smell

4.「**ズボンがずり落ちて**パンツが見えてるよ。」
Your pants are ( ). I can see your briefs.
① sliding down ② running down
③ pulling down

5.「シャツをズボンに入れなさい！」
( ) in your shirt!
① Check ② Suck ③ Tuck

6.「美人でも**おなら**はする。」
Even a beautiful woman ( ) gas.
① gives ② makes ③ passes

the sheets under the bed.「シーツの端をベッドにたくし込む。」 **6.**「おならをする」は pass gas または pass wind（少し上品な言い方）です。日本人の中には「おなら」を fart と言う人が時にいるのですが，fart は「屁」にあたる下品な言葉です。時と場合によっては，fart を使うとネイティブがビックリするので要注意です。

答え【1. ❸ 2. ❸ 3. ❶ 4. ❶ 5. ❸ 6. ❸】

6 美容

クイズじゃないけど こんな言葉も

*I can't **get my hair right** this morning.
I feel miserable.*

「今朝は髪がきまらなくて、ブルーだなあ。」

> right はオールマイティーな単語であり、「正確な・適当な・合っている・整った」など状況により様々な意味に用いられます。

7
病気・けが

体調をくずしたときの言葉を覚えておけばどんな時でも安心です。それもクイズで。

病気・けが

7-1 体の調子がおかしい，こんなときは何と言いますか？

🗨 次の 1.～3. の日本語に合うように( )に入る表現を選んでください。

1.「今朝は頭が**割れるように**痛むので，**病気で仕事を休むという電話**をします。」
I have a (1.-1) headache this morning, so I have to call in (1.-2) to my office.

1.-1 ❶ beating ❷ breaking ❸ pounding

1.-2 ❶ disease ❷ ill ❸ sick

2.「このところ**生理**がないので，**医者に行った**。」
I haven't had (2.-1) for a long time. So I went to (2.-2) a doctor.

✓ 解説 **1.-1** pounding は「叩きつけるような」という意味。 **1.-2** call in sick は便利な表現で「体調が悪いので，学校や会社に電話をかけて休むことを知らせる」という意味です。 **2.-1**「生理」は menstruation ですが，通常は遠回しに period と表現します。 **2.-2** 医者を「訪ねる」は see を用います。

2.-1 ❶ an interval ❷ a period ❸ a term

2.-2 ❶ meet ❷ see ❸ talk

3.「**食中毒**にかかってしまった。昨日飲んだ牛乳が悪かったのかもしれない。」

I got (　　). I wonder if the milk I had yesterday was bad.

　❶ food poisoning
　❷ food pollution
　❸ food sick

4. I have the runs. の意味は次のどれでしょうか？

　❶鼻血が出ている。
　❷下痢している。
　❸熱が出ている。

---

3. poisoning には「中毒」の意味があります。（例）radiation poisoning「放射線中毒」 **4.**「下痢」の正式な言い方は diarrhea ですが，直接的な言い方を避けるために I have the runs. と表現します。

答え【1.-1 ❸　1.-2 ❸　2.-1 ❷　2.-2 ❷　3. ❶　4. ❷】

7-2 | 日頃の健康のチェック，英語で表現すると…

💬 次の1.〜3.の日本語に合うように(　)に入る表現を選んでください。

1. 「少し熱があるので，**体温を計る**。」
Since I have a slight fever, I will (　) my temperature.
　❶ get　❷ take　❸ see

2. 「もし**検査の結果**が悪ければ，毎食後**錠剤**を2つずつ飲んでください。」
If your test result is (2.-1), you have to take two (2.-2) after each meal.

📝 **解説**　**1.** 体温を「計る」という動詞は take または measure を使います。　**2.-1** positive は「陽性」，negative は「陰性」の意味です。疑いのある症状の検査をして「陽性」であるということは，その病気に「かかっている」という意味です。　**2.-2** pill は「丸薬・錠剤」を意味します。drop は「滴」で，滴を患部に差す種類の薬品です。　**3.-1**「視力」は eyesight が一般的ですが，単に sight または vision を用いることも

2.-1 ❶ positive ❷ negative
2.-2 ❶ drops ❷ pills

3. 「**視力**は普通で，両眼とも **1.0** です。」
I have normal (3.-1) and I have (3.-2) vision.

3.-1 ❶ eyefield ❷ eyerange
❸ eyesight

3.-2 ❶ 10/10 ❷ 20/20
❸ 50/50

4. 皆が気になる **BMI**（体脂肪量＝肥満度を表す指数）は次のどの略でしょうか？
❶ Body Mass Index
❷ Body Metabolism Index
❸ Body Metabolic Information

あります。 **3.-2** 視力の表し方は，国によって異なります。アメリカでは普通の視力(1.0)を 20/20 と表現します。これは 20 フィート離れたところから 3 分の 1 インチ径の文字を識別する能力という意味です。
4. mass は「質量」，index は「指標」です。BMI は肥満度の判定に国際的に使われている指数です。
答え【1. ❷ 2.-1 ❶ 2.-2 ❷ 3.-1 ❸ 3.-2 ❷ 4. ❶】

7-3 | 日頃かかえる体の不調を英語で表すと？

1. 「**二日酔いだ。**」を英語で言うと次の（　）に入るのはどれでしょうか？

I have a (　).

❶ drunkover　❷ fuzzyover
❸ hangover

2. 「**胃もたれがする。**」を英語で言うと次の（　）に入るのはどれでしょうか？

I have (　) stomach.

❶ a dull　❷ an upset
❸ a weighty

3. 「**肩がこっている。**」を英語で言うと次の（　）に入るのはどれでしょうか？

📝 **解説**　**1.** 「二日酔い」の最も一般的な表現は hangover ですが，他に the after effects of drinking, the morning after, a morning head などの言い方があります。　**2.** 他に「胃もたれ」を表す表現には I have a heavy stomach. や My stomach is upset. などがあります。　**3.** stiff は「（筋肉などが）こった」，体が「硬い」，

I have a ( ) shoulder.
① hard ② stiff ③ tough

4. 「**水虫**」を英語では「○○の足」と表現します。次の誰の足でしょうか？
① athlete's foot　スポーツ選手の足
② firefighter's foot　消防士の足
③ plumber's foot　配管工の足

5. 足が「**しびれる**」は英語では numb（ナム）「無感覚になる」を使うのが一般的ですが，他にしびれた状態を表す表現は次のどれでしょうか？
① get bees and ants in one's legs
② get pins and needles in one's legs
③ get electricity in one's legs

人が「堅苦しい」などの意味です。 **4.** ちなみに，アメリカでは The Athlete's Foot というスポーツ用具のチェーン店があります。 **5.** 他に「足がしびれる」という表現には My legs go to sleep. や My legs tingle. などがあります。

答え【1. ❸　2. ❷　3. ❷　4. ❶　5. ❷】

7-4 「ぎっくり腰」「松葉づえ」などを英語では？

1. 英語で「**ぎっくり腰**になった。」は，I've strained my (　　).「体の○○を痛めた」と言いますが，この(　　)に入るのは次のどれでしょうか？

❶ hip　❷ waist　❸ back

2. **I have a cramp in my leg.** は足がどのような具合になっているのでしょうか？

❶足がつっている(こむらがえりをおこしている)。
❷肉離れを起こしている。
❸足にギプスをしている。

3.「足を骨折したので，**松葉づえ**で歩いています。」を英語で言うと次の(　　)に入るのはどれでしょうか？

📝 解説　**1.** back は基本的に背中をさしますが，正確には首(neck)から尻(buttocks)までの部分を意味します。「ぎっくり腰」の意味では他に slipped disk という表現があります。　**2.** cramp は名詞または動詞として使われ「けいれん」を表します。　**3.** cane, stick は「つえ」の意味ですが，「松葉づえ」では crutch

Since I broke my leg, I walk on (　　).
❶ canes　❷ crutches
❸ sticks

4. 次の英文によると、おじは足を骨折した後、現在どのような状態でしょうか？
My uncle broke his leg, and now he is **up and about**.
❶気落ちしている
❷痛みに苦しんでいる
❸骨折が治って元気に動き回っている

5. 机の角などに足をぶつけたときにできる「青いあざ」、ではこのように打撲によってできた「**あざ**」のことを英語では何と言うでしょうか？
❶ bruise　❷ wound
❸ blood mark

が用いられます。　**4.** up and about は「病気が治ってピンピン動き回っている」ことです。　**5.** bruise は「打撲傷」です。殴られて目の周りにできるあざは black eye。打撲ではなく、生まれつき体にある「赤いあざ」は strawberry mark と表現します。

答え【1.❸　2.❶　3.❷　4.❸　5.❶】

7-5 | 新しい命，命にかかわる事態，英語で表現すると…

💬 次の 1.～2. の日本語に合うように( )に入る表現を選んでください。

1. 「今は**つわりがひどい**けど，3 月には丈夫な赤ちゃんを**出産予定です。**」
I have terrible (1.-1), but I am (1.-2) a healthy baby in March.

- **1.-1** ❶ morning sickness
  ❷ afternoon sickness
  ❸ evening sickness
- **1.-2** ❶ waiting ❷ expecting
  ❸ scheduling

📝 **解説** **1.-1** 一般的につわりは朝に起こりやすいとされています。「空腹時につわりが起き，朝起きた時が一番空腹であるから」という説明が一般的です。筆者は実際はそうでもないと思いますが。 **1.-2** expect は「子供を生む予定である」という意味でも使います。 **2.-1** 他に名詞として hover between life and death「生死の境をさまよう」などと言います。 **2.-2** CPR は cardio-pulmonary resuscitation の略で

2.「心臓発作は時として**生死に関わる**事態です。万が一に備え**心肺蘇生法**を覚えておくべきです。」
A heart attack is often a (2.-1) incident. You should learn (2.-2) just in case.

- **2.-1** ❶ life-or-death
  ❷ live-or-die
  ❸ living-or-dying
- **2.-2** ❶ OCR ❷ CPR
  ❸ VTR

3. 個々の生き物や物の寿命のことを英語で life span と言います。では，「**平均寿命**」のことを英語で何と言うでしょうか？

❶ life history ❷ life preserver
❸ life expectancy

す。cardio- は「心臓に関する」，pulmonary は「肺に関する」，resuscitation は「蘇生」の意味です。 **3.** life history は「人や生物の誕生から死までの記録，生活史」，life preserver は主にアメリカで使われる語で「救命具」の意味です。

答え【1.-1 ❶ 1.-2 ❷ 2.-1 ❶ 2.-2 ❷ 3. ❸】

7-6 「目薬」「注射」,薬についての英語を知っていますか?

1. 「**目薬**」を英語で何と言うでしょうか?
- ❶ eyedrops ❷ eyeshots
- ❸ eyespots

💬 次の 2.〜 4. の日本語に合うように( )に入る表現をそれぞれ選んでください。

2. 「病院で腰に**注射**されたんだけど,マジで**痛かった**よ。」
I got a (2.-1) in my back at the hospital and it really (2.-2).
2.-1 ❶ nail ❷ shot ❸ needle
2.-2 ❶ pained ❷ hurt ❸ wound

✏️ **解説** **1.** 7-2 で見たように drop は「滴を患部に指す薬」です。 **2.-1** shot は「注射」という意味の口語表現です。正式な言い方は injection です。 **2.-2** hurt は「痛む」という動詞。「痛い」は It hurts. と表現します。 **3.-1** 機械の「故障」などにも breakdown を使います。 **3.-2** tranquil は「平穏な・落ち着いた」という形容詞, tranquilizer は人を「穏やかにさせる

3. 「**神経衰弱**になってしまったので、**精神安定剤**を飲んでいるんだ。」

Since I have had a nervous (3.-1), I have been taking (3.-2).

3.-1 ❶ breakdown ❷ breakup
❸ breakout

3.-2 ❶ milders ❷ stabilizers
❸ tranquilizers

4. 「普通の薬屋さんでは医者の**処方箋**がいらない薬も売っています。」

An ordinary drug store carries (　) medicine too.

❶ over-the-counter
❷ on-the-counter
❸ out-the-counter

もの」という意味です。　**4.**「処方箋」は prescription,「処方箋が必要な薬」は prescription drug と言います。over-the-counter は、医者を介してでなく直接薬局のカウンター越し(over)でということです。

答え【1. ❶　2.-1 ❷　2.-2 ❷　3.-1 ❶　3.-2 ❸　4. ❶】

7 病気・けが　　　　　　104

クイズじゃないけど こんな言葉も

*I **scalded** my hand so I need to apply ointment.*

「**熱湯**が手にかかって**やけど**したよ！
薬を塗んなきゃ！」

✍ 「熱湯でやけどをする」は scald を用いるので注意が必要です。単なる「やけどする」は burn です。例えば「(炎症になるようなひどい) 日焼け」は sunburn です。ointment は「軟膏」の意味です。

8
料理・食事

旅行に行ってもどこにいても生活の基本・食事についての英語を知るクイズです。

料理・食事

8-1 「肉がかたい」「スープがうすい」，英語では？

💬 次の 1.～6. の日本語に合うように(　)に入る表現を次ページの❶～❻よりそれぞれ選んでください。

1. 「このぶた肉のステーキは**かたい**。」
This pork steak is (　).

2. **かたい**豆腐（木綿豆腐のこと。英語では「かたい豆腐」と表現します。）
(　) tofu

3. 「このシチューは**どろっとしている**。」
This stew is (　).

📝 **解説** **1.** tough は「かたくて噛みにくい」ことを表します。例えば，英語圏の国にホームステイしてその食事の際に，「肉がかたい」という意味で hard を使うと，すかさず tough を使うように注意されます。 **2.** firm の基本的な意味は「安定した・しっかりとしている」です。 **3.** thick はスープなどが「濃い」「とろみのある」という意味です。 **4.** tender は「（肉など

4. 「この肉は**やわらかい**。」
This meat is ( ).

5. **やわらかい**豆腐 (絹ごし豆腐のこと。)
( ) tofu

6. 「このスープは**うすい**。」
This soup is ( ).

❶ firm　❷ soft　❸ tender
❹ thick　❺ bland　❻ tough

……が)柔らかく噛みやすい」という意味に用います。　**5.** 「木綿豆腐」と「絹ごし豆腐」の対で firm — soft を覚えましょう。　**6.** bland は「薄い・弱い」という意味。コーヒーには一般的に weak という語を「薄い・弱い」の意味で使います。

答え【1. ❻　2. ❶　3. ❹　4. ❸　5. ❷　6. ❺】

/6

8-2 「ビールの気が抜けている」などを英語では？

💬 次の 1.～3. の日本語に合うように（　）に入る表現をそれぞれ選んでください。

1.「このビールは**気が抜けている**。」
This beer is (　).
　❶ flat　❷ soft　❸ weak

2.「このウイスキーは**強い（ピリッとくる）**なぁ。」
This whisky has a (　) to it.
　❶ kick　❷ spice　❸ spin

3.「このスープは**味がない**。」
This soup tastes (　).
　❶ blah　❷ foggy　❸ fuzzy

📝 **解説　1.** flat には「元気がない」「生気がない」という意味があります。　**2.** kick はアルコールなどの「刺激」の意味です。　**3.** blah は「味がない・薄い」という意味の日常よく使う口語表現です。　**4.**「こくがある」という意味では他に full-bodied という言い方もあります。こちらはワインについてよく使います。「こく・味わいがある」という意味では rich または rich-

4. This chicken soup is **full of flavor**. この英文の full of flavor の意味は次のどれでしょうか？

❶ 大ざっぱな味である
❷ こくがある
❸ できたてである

5. 「**おいしい！**」を子供っぽい言葉で何と言うでしょうか？次の(　)に入る語を選んでください。
This chocolate is so (　)!

❶ yank　❷ yelp　❸ yummy

6. 「**まずい！**」は口語表現では何と言うでしょうか？次の(　)に入る語を選んでください。
Oh, it's (　)!

❶ yap　❷ yucca　❸ yuck

---

flavored という言い方も覚えておきましょう。　**5.** yummy は子供だけでなく大人も用います。他に yum-yum「ヤム・ヤム」などの言い方があります。　**6.** yuck は，「まずい味」だけではなく，不快な物や人にも用います。最近の日本語の「キモイ」に合う表現と言えます。

答え【1. ❶　2. ❶　3. ❶　4. ❷　5. ❸　6. ❸】

8-3 「ネバネバ」などの，触感・食感を英語で表すと？

💬 次の 1.〜 5. の日本語に合うように（　）に入る表現を次ページの❶〜❺から選んでください。

1. 「納豆は**ネバネバ**するからイヤなんだよなあ。」
I hate *natto* because it's so (　).

2. 「生きた魚は**ヌルヌル**して気持ちが悪いので，触れません。」
Live fish are (　) and gross. So I can't touch them.

3. 「このご飯，冷蔵庫に 2 日置いていたので，**パサパサ**になっちゃった。」

📝 **解説　1.** sticky は粘着した状態を表し，「ネバネバ」「ベトベト」などと訳されます。sticky tape は「粘着テープ」です。　**2.** slimy は粘液性の「ヌルヌル」した状態を表します。人や動作が「いやらしい」「不快」などの意味もあります。gross「気持ち悪い」も覚えておきましょう。　**3.** 食べ物が新鮮ではないという表現では stale も日常頻繁に使われる言葉です。

This rice is (　) out because I put it in the fridge for two days.

4.「私は**サクサク**の(生地の)ピザが好きだ。」
I like (　) pizza.

5.「**フワフワ**のオムレツを作るのって難しい。」
It's tough to make a (　) omelet.

❶ dried　❷ fluffy　❸ crispy
❹ sticky　❺ slimy

dried out と一緒に覚えておきましょう。fridge は refrigerator を略した語です。　**4.** crispy は「パリパリ」「サクサク」した食感を表します。ちなみに生地が厚くふんわりしているピザは pan pizza と言います。　**5.** fluffy は猫など動物の「毛並みがやわらかい」と言うときにも使います。

答え【1. ❹　2. ❺　3. ❶　4. ❸　5. ❷】

8-4 調理器具，また料理の基本「切る」の英語あれこれ

🗨 次の 1.～4. の器具を英語で何と言うでしょうか。それぞれ下の❶～❹から選んでください。

1. フライ返し
2. 泡立て器
3. おたま
4. 皮むき器

❶ ladle
❷ peeler
❸ spatula
❹ whisk

📝 **解説** **1.** spatula は「へら」または「へら状のもの」。turner も「フライ返し」の意味で用いられます。 **2.** whisk は動詞でも使い，卵や生クリームを「泡立てる」です。 **3.** ladle は「おたま」「ひしゃく」のことです。 **4.** peel は「皮をむく」という意味の最も一般的な動詞です。 **5.** slice は「薄く切る」または「薄く切られたもの」です。 **6.** dice は「さいころ」という意味で，動詞

💬 次の 5.～8. の「切る」を表す語を下の❶～❹からそれぞれ選んでください。

5. レモンを**薄切り**にする
（　）a lemon

6. にんじんを**さいの目に切る**
（　）a carrot

7. タマネギを**みじん切り**にする
（　）an onion

8. ぶた肉を**ぶつ切り**にする
（　）pork

❶ chop　❷ dice　❸ mince　❹ slice

で「さいころを振る」そして「さいの目に切る」です。
7. mince は「細かくきざむ」という意味です。また mince meat, ground meat で「ひき肉」を表します。
8. chop は斧などで「たたき切る」という意味で、食材の場合には「ぶつ切りにする」という意味です。
答え【1. ❸　2. ❹　3. ❶　4. ❷　5. ❹　6. ❷　7. ❸　8. ❶】

8-5 | 火を使う調理，英語で何と言う？

💬 次の 1.〜 5. の調理法を表す表現を次ページの ❶〜❺ からそれぞれ選んでください。

1. パンを焼く
（　）bread

2. ジャガイモを蒸す
（　）potatoes

3. 牛肉をとろ火でじっくり煮る
（　）beef

📝 **解説** **1.** クッキーやビスケットを焼く場合も bake を用います。「パン屋・製パン所」は bakery。 **2.** steam は「蒸気を出す・湯気を立てる」という意味で，料理に用いると「蒸す・ふかす」という意味です。 **3.** stew は「煮え立たないようにとろ火または弱火で時間をかけてゆっくり煮る」という意味。その名の通りシチューなどの煮込み料理を作るときに用いられます。 **4.** sauté（ソテーィ）はフランス語から来てい

4. ピーマンを**フライパンで炒める**
( ) green pepper

5. 七面鳥を**オーブンで焼く・あぶる**
( ) turkey

❶ bake ❷ roast ❸ sauté
❹ steam ❺ stew

6. 油を使って加熱調理することを英語では fry と言いますが、では「てんぷらにする」などのように「油で**揚げる**」を英語で何と言うでしょうか？
❶ deep-fry ❷ dip-fry ❸ light-fry

ます。「肉や野菜を軽く炒める」という意味です。 **5.** roast は一般的に「オーブンで焼く・あぶる」または豆などを「炒る」。「オーブンで焼く」では broil もありますがこちらはアメリカで使われます。 **6.** deep-fry は文字通り「油に深くつけて加熱する」という意味で、食材が全部油につかるほどたっぷりの油で揚げるという意味です。

答え【1. ❶ 2. ❹ 3. ❺ 4. ❸ 5. ❷ 6. ❶】

8 料理・食事　　　　116

8-6 卵や野菜・果物など，食材についての英語

💭 次の 1.～6. の卵料理を表す英語を次ページの❶～❻からそれぞれ選んでください。

1. オムレツ　[1.]
2. 目玉焼き　[2.]
3. 両面焼き　[3.]
4. 炒り卵　　[4.]
5. 固ゆで　　[5.]
6. 半熟ゆで　[6.]

📝 **解答**　**1.** omelet の語源はフランス語です。中にマッシュルームやハムなどを入れるのが一般的ですが，日本によくある何も入れないオムレツは，plain omelet と言います。　**2.** sunny-side は太陽の面，up は上を向いている状態，つまり黄味の面が上になる焼き方を意味します。　**3.** over は卵の上面（黄味の面），easy は「簡単に」という意味。つまり overeasy は上になっている面もさっと焼くという意味です。**4.** scramble は「ごちゃ混ぜにする」という意味。**5.** hard-boiled「ハードボイルド」は「冷酷非情な・クー

❶ hard-boiled　❷ omelet　❸ overeasy
❹ scrambled　❺ soft-boiled
❻ sunny-side up

7. crack an egg で「卵を割る」です。では「**卵をとく**」(　) an egg の(　)に入るのは次のどれでしょうか？

❶ beat　❷ break　❸ mix

8. iPodの**pod**はある食材を指す語でもあります。次のどれを指すでしょうか？

❶えんどう豆などのさや
❷にんにくの一かけ
❸ぶどうなど果物の一房

ル・タフな」などの意味もあり，小説のジャンルなどの文芸用語としても使われます。　**6.**「半熟ゆで」という意味では，他にhalf-done, half-boiledという言い方があります。　**7.** beatには「強くかき混ぜる」という意味があります。(例) Beat the cream until it's whipped.「ホイップ状になるまでクリームをかき混ぜる。」　**8.** にんにくの一かけはa clove，ぶどうなどの一房はa bunchです。

答え【1. ❷　2. ❻　3. ❸　4. ❹　5. ❶　6. ❺　7. ❶　8. ❶】

8-7 身近な食材なのになかなか言えない英単語

💬 次の 1.〜6. の魚介類の英語名を下の❶〜❻から選んでください。

1. まぐろ
2. いわし
3. さば
4. ぶり
5. うに
6. ホタテ

❶ mackerel ❷ sardine ❸ scallop
❹ tuna ❺ urchin ❻ yellowtail

📝 **解説** 発音に注意して下さい。 **1.** tuna (トゥナ)。 **2.** sardine (サーディン)。 **3.** mackerel (マケロ)。 **4.** yellowtail (イェローテイル)。 **5.** urchin (アーチン)。sea urchin「シーアーチン」とも言います。 **6.** scallop (スケロプ)。 **7.** cucumber (キュカンバー)。 **8.** bamboo shoots (バンブーシューツ)。shoot は植物の「芽」という意味。 **9.** spinach (スピナッチ)。 **10.** eggplant (エッグプラント) はアメリカの呼び名

💬 次の 7. 〜 12. の野菜の名の英語を下の ❶〜❻ から選んでください。

7. きゅうり

8. たけのこ

9. ほうれん草

10. なす

11. もやし

12. レンコン

❶ bamboo shoots　❷ bean sprouts
❸ cucumber　❹ eggplant　❺ lotus root
❻ spinach

13. 餃子の「具」を表す英語は次のどれでしょうか？

❶ contents　❷ filling　❸ inners

で，イギリス英語では aubergine です。　**11.** bean sprouts（ビーンスプラウツ）。sprout は「新芽」という意味。　**12.** lotus root（ロータス・ルート）。lotus は「ハス」という意味。　**13.** 餃子などの具には filling，七面鳥などの料理の詰め物は stuffing です。

答え【1. ❹　2. ❷　3. ❶　4. ❻　5. ❺　6. ❸　7. ❸　8. ❶　9. ❻　10. ❹　11. ❷　12. ❺　13. ❷】

/13

8 料理・食事　　　120

> クイズじゃないけど
> **こんな言葉も**

*Ew! This rice cracker is **stale**.*

「うわ！このせんべい湿気ってる。」

✎ せんべいなどが「湿気る」は英語では直接的に moist や wet を使わず，stale「新鮮ではない」または not crispy「パリパリしていない」などの言い方をします。

9 子育て

いま子育てに奮闘している人だけでなく、かつて赤ちゃんだった人全員に贈るクイズ。

9 子育て

9-1 子育ての話題を英語にすると？

💬 次の1.と2.の赤ちゃんの動作を英語で言えますか？日本語に合うように（　）に入る表現をそれぞれ選んでください。

1.「うちの赤ちゃん，まだ立って歩かないで，**ハイハイ**しているのよ。」
Our baby still (　). He hasn't stood up yet.
❶ climbs　❷ crawls　❸ crunches

1.

2.「うちの赤ちゃん，**ヨチヨチ**歩き始めたのよ。」
Our baby has just started to (　).
❶ stroll　❷ toddle　❸ wander

2.

📝 解説　1. 英語には「ハイハイする」という赤ちゃんに特別な言葉はありません。crawl は「四つんばいではって歩く」です。**2.**「ヨチヨチ歩きの子」は toddler と表現します。**3.** pacify は「なだめる・心を和らげる」という意味の動詞です。the Pacific Ocean「太平洋」は「平穏な海」という意味です。**4.** bib（ビブ）は赤ちゃんが乳を飲むときの音がその原

次の 3.〜6. の赤ちゃん用具を英語で何と言うでしょうか？それぞれ下の❶〜❹から選んでください。

3. おしゃぶり

4. よだれかけ

5. おむつ

6. ガラガラ

❶ bib　❷ rattle　❸ diaper　❹ pacifier

義です。bib は「よだれかけ」の他にエプロンなどの「胸当て」にも用います。　**5.**「ダイパー」と発音します。「使い捨ておむつ」は disposable diaper,「おむつかぶれ」は diaper rash と言います。　**6.** 日本語と同じく「ガラガラ」という擬音がそのまま物の名前となっています。

答え【1.❷　2.❷　3.❹　4.❶　5.❸　6.❷】

9-2 「ワンワン」「ぽんぽん」、赤ちゃん言葉を英語では？

💬 次の1.～8.の赤ちゃん言葉を英語ではどう言うでしょうか？次ページの❶～❽からそれぞれ選んでください。

1. ぽんぽん（お腹）
2. ワンワン（犬）
3. うんち
4. おしっこする
5. おばあちゃん
6. パパ
7. ちっちゃい
8. （汽車）ポッポ

1.	2.
3.	4.
5.	6.
7.	8.

📝 **解説** **1.** belly button「おへそ」を赤ちゃん言葉で言うと tummy button です。 **2.** 一般的に通常の言葉を赤ちゃん言葉にするには、言葉の末尾に y を付け、「イー」と発音します。 **3.** poo-poo という言い方もあります。 **4.**「おしっこ」の意味では tee-tee の他に、pee, pee-pee, wee-wee という言い方があります。 **5.** granny は grandma の幼児語。 **6.** dada は daddy「お父さん」の赤ちゃん言葉。 **7.** この表現

❶ choo-choo (チューチュー)
❷ tummy (タミー)
❸ dada (ダーダ)　❹ poop (プープ)
❺ doggy (ドギー)　❻ granny (グラニー)
❼ tee-tee (ティーティー)
❽ itty-bitty (イッティービッティー)

9.「赤ちゃんに**コチョコチョ**すると，キャッキャッと笑うのよ。」を英語で言うと次の(　)に入る表現はどれでしょうか？
When I do (　) to my baby, she giggles.
❶ broom broom (ブルム・ブルム)
❷ cootchie-coo (クーチー・クー)
❸ hokey pokey (ホーキー・ポーキー)

は大人も使います。「小さい」という意味の他に，「とるにたらない・くだらない」という意味にも用います。
8. ポップミュージックでおなじみの Choo Choo Train は「汽車ポッポ」です。　**9.** cootchie-coo は赤ちゃんをくすぐりながらこのように言います。「くすぐる」という動詞は tickle です。
答え【1. ❷　2. ❺　3. ❹　4. ❼　5. ❻　6. ❸　7. ❽　8. ❶　9. ❷】

9-3 さらに,「いないいないばー」などを英語では？

💬 次の 1.～5. の日本語に合うように(　)に入る表現をそれぞれ選んでください。

1.「夫が赤ちゃんに**たかいたかいする**と,すごく喜ぶの。」
When my husband (　) our baby up in the air, she looks so happy.
　❶ lifts　❷ pitches　❸ plays

2.「母は赤ちゃんを**おんぶする**のが大好きなの。」
My mother loves to give my baby a (　) ride.
　❶ camelback　❷ piggyback
　❸ turtleback

📝 **解説**　**1.**「たかいたかいする」は lift a baby up in the air と表現します。　**2.** 子供をおんぶする姿が,ブタの背中(piggyback)に乗る(ride)格好に似ているので,「おんぶ」をこのように表現します。　**3.** breast-feed は赤ちゃんを「母乳で育てる」で,「ミルクで育てる」は bottle-feed です。　**4.** 日本での「いな

3. 「妻は子供をミルクではなく**母乳で**育てたがっている。」

My wife wants to (　) our baby rather than bottle-feed her.

❶ breast-feed　❷ bust-feed
❸ chest-feed

4. 「赤ちゃんに**いないいないばー**をする。」

I will play (　) with my baby.

❶ cooch cooch（クーチ・クーチ）
❷ jingle-jangle（ジンゴー・ジャンゴー）
❸ peekaboo（ピーカブー）

5. 「赤ちゃんがミルク飲んだら**ゲップ**させてよ。」

Can you make her (　) after feeding her milk?

❶ burp　❷ hiccup　❸ sneeze

....

いないいなばー」と同じ動作をすることもありますし，椅子の背などに隠れて突然顔を見せると同時に "Peekaboo!" と言うこともあります。bopeep と言うこともあります。 **5.**「ゲップ」は burp，hiccup は「しゃっくり」，sneeze は「くしゃみ」です。

答え【1.❶　2.❷　3.❶　4.❸　5.❶】

9-4 懐かしい(？)子供の遊びを英語では？

1. 英語圏でも「**ジャンケン**」は行われます。英語で「ジャンケン」は何と言うでしょうか？
   ❶ rock, paper, clippers
   ❷ stone, paper, scissors
   ❸ rock, paper, scissors

2. 「**かくれんぼ**」を英語で何と言うでしょうか？
   ❶ hide and seek
   ❷ look and find
   ❸ search and cover

3. 「**ブランコに乗ろう。**」を英語で言うと次のどれでしょうか？

📝 **解説** **1.** 日本では,「ジャンケン・ポン」と言って拍子をとりますが, 英語では何も言わないので英語での(？)ジャンケンはタイミングが難しいです。
2.「かくれんぼをする」は play hide and seek です。
3. 日本語の「ブランコ」はポルトガル語の balanco「バランス」または, 日本語の「ブラリ・ブラン」が語源で

❶ Let's play on the slides.
❷ Let's play on the spins.
❸ Let's play on the swings.

4. 「あやとり」を英語では「○○のゆりかご」(　　)'s cradle と言います。○○はある動物ですがそれは次のどれでしょうか？

❶ <u>cat</u>'s cradle
❷ <u>dog</u>'s cradle
❸ <u>monkey</u>'s cradle

5. 「馬跳び」は，英語では「馬」ではなく他の動物の名が使われています。leap「跳ぶ」と合わせて，leap(　　)と言いますがその動物とは？

❶ leap<u>donkey</u>
❷ leap<u>frog</u>
❸ leap<u>kangaroo</u>

あるなど諸説があります。「ブランコに乗る」は他に have a swing や get on a swing などと言います。slide は「滑り台」です。　**4.**「あやとりをする」は play at cat's cradle と言います。　**5.**「馬跳びをする」は play leapfrog です。ちなみに donkey は「ろば」です。
答え【1. ❸　2. ❶　3. ❸　4. ❶　5. ❷】

> クイズじゃないけど
> こんな言葉も

*Our son still **wets the bed**.*
He is seven years old though.

「うちの子，7歳になるのにまだ**おねしょする**のよ。」

✎ 「おねしょする」は wet the bed と言います。夜，大人同士でも冗談半分に，"Don't wet the bed."「おねしょするなよ」と別れ際の挨拶に付け加えたりすることがあります。

10
恋愛

いつもこのことばかり話しているのになんで習わない？ 恋愛についての英語クイズ。

恋愛

10-1 | 英語でデートに誘うには？

1.「私を**デートに誘っている**の？」を英語で言うと次のどれになるでしょうか？

　❶ Are you telling me to date with you?
　❷ Are you proposing me to date?
　❸ Are you asking me out on a date?

2.「**付き合ってほしい**んだ…」を英語で言うと次のどれになるでしょうか？

　❶ I wonder if you want to go out with me.
　❷ I wonder if you want to set a date with me.
　❸ I wonder if you want to make the date with me.

💭 次の3.～5.の日本語に合うように（　　）に入

📝 **解説　1.** ask (someone) out で「デートに誘う」です。その後ろに続く on a date は言っても言わなくてもよいです。　**2.** go out with ～は「～と付き合う」の決まった言い方です。　**3.** sight は「見ること」「見えること」を意味します。　**4.** hit it off は「意気投合

る表現をそれぞれ選んでください。

3. 「今まで言ったことなかったけど、**一目ぼれ**だったんだ。」
Although I never told you, it was love (　　).
① at first sight　② in the first place
③ on the first moment

4. 「彼とは最初に会ったときから、お互いに**気が合った**(性格が合った)のよ。」
When I met him first, we (　　).
① beat it off　② hit it off
③ struck it off

5. 「彼も私のことが好きだって言うの。**超幸せ**！」
He told me he likes me too. I am (　　).
① in seventh heaven
② in seventh sky
③ on the seventh rainbow

する」「そりが合う」を意味する表現です。　**5.** in seventh heaven の直訳は「7つ目の天国に」。昔、天国は7つの階層に分かれ、最上階(7階)がもっとも幸せなところと信じられていました。

答え【1.❸　2.❶　3.❶　4.❷　5.❶】

10-2 | 恋のウワサ話や別れなどの恋愛フレーズ

💬 次の1.〜5.の日本語に合うように(　)に入る表現をそれぞれ選んでください。

1. 「かおりとショーンは，もう1年以上**付き合っている**んだって。」
I heard that Kaori and Sean have been (　) each other for more than a year.
　❶ looking　❷ seeing　❸ watching

2. 「よしお，マリアンはただ君に**思わせぶりをしている**だけだよ。」
Yoshio, Mary Ann is just playing (　) with you.
　❶ gamble　❷ games　❸ fool

📝 **解説　1.** see は「誰々と付き合う」という意味でも使います。(例) Who are you seeing now?「今，誰と付き合っているの？」　**2.** play games with 〜 で「〜に思わせぶりな態度をとる」です。　**3.** 他に I'm sick and tired of my job.「今の仕事にうんざり」のよ

3. 「あんな女々しい男には**うんざり**。」

I'm ( ) and tired of a sissy man like him.

❶ ill　❷ diseased　❸ sick

4. 「彼らはしばらく付き合っていたけど，結局**別れたのよ**。」

They went out with each other for a while but they ( ) in the end.

❶ divided up　❷ ended up
❸ split up

5. 「残念だけど，私たちの性格は**全く違う**の。」

To my regret, our personality is just as different as ( ).

❶ night and day
❷ the moon and the sun
❸ black and white

うな例でも使います。　**4.**「男女が別れる」は split up や break up を使うのが一般的です。　**5.** night and day の他に apples and oranges も「全く違う・異なる」という意味に使われます。

答え【1. ❷　2. ❷　3. ❸　4. ❸　5. ❶】

/5

10-3 | 結婚する前／した後の あれこれ

1. 「**理想の男性**」を英語で言うと次のどれでしょうか？

① Mr. Ideal
② Mr. Right
③ Mr. Special

💬 次の2.～5.の日本語に合うように（　）に入る表現をそれぞれ選んでください。

2. 「見て！ゆうかが**エンゲージ・リング**してるよ。」
Hey look! Yuka is wearing an (　　).

① engagement ring　② engage ring
③ engaging ring

📝 **解説**　**1.** Mr. Right は通常「夫としてふさわしい男性」や「理想の結婚相手」を意味します。Mr. Nice Guy「親切で寛大な男」という表現もあります。　**2.** 日本語での「エンゲージ・リング」は和製英語で，英語では engagement ring です。　**3.** last name「姓」,first name「名」の他に maiden name「旧姓」も覚えておきましょう。「山田花子(旧姓加藤)」のように記

3. 「(結婚する前の)**旧姓**は加藤です。」

My ( ) is Kato.

① married name ② marital name
③ maiden name

4. 「藤波さんは奥さんの**尻に敷かれている**ね。」

Fujinami's wife wears the ( ) in the family.

① belt ② necktie ③ pants

5. 「7年目の**結婚記念日**にどこへ連れて行ってくれるの？」

I wonder where you can take me for our 7th ( ) anniversary.

① bridal ② marriage ③ wedding

す場合には，Yamada (formerly Kato) Hanako となります。 **4.** pants「ズボン」はもともとは男性のはくものでした。それをはいている女性は男性を尻に敷くほど強いというわけです。 **5.** 結婚15 / 25 / 50 周年記念はそれぞれ one's bronze / silver / gold wedding anniversary と言います。

答え【1. ❷ 2. ❶ 3. ❸ 4. ❸ 5. ❸】

/5

10 恋愛　　　　138

10-4 さらに，恋愛にまつわるあれこれを英語では？

1. 「**結婚仲介所[人]**」や「**仲人**」は英語で何と言うでしょうか？

❶ lovemaker　❷ marriagemaker
❸ matchmaker

2. 「**ナンパする**」は英語で何と言うでしょうか？

❶ catch up　❷ pick up　❸ get up

3. 性体験のないこと「**処女**」「**童貞**」を英語では同じ語で表します。次のどれでしょうか？

❶ cleanliness　❷ pureness
❸ virginity

📝 **解説**　**1.** matchmaker の match は「結婚（相手）」の意味です。　**2.** pick up の基本的な意味は「拾い上げる」で「大勢の中から男性または女性を見つける」という意味になります。日本語の「ナンパ」より悪気のない軽い意味です。　**3.**「純潔を保つ / 失う」は keep/lose one's virginity と表現します。　**4.** 形容詞では

4. 恋心がつのって病気のようになること,「**恋わずらい**」を英語で言うと次のどれでしょうか？

　❶ lovecraze　❷ lovedisease
　❸ lovesickness

5.「**恋は盲目**」を英語で言うと次の(　)に入るのはどれでしょうか？

Love is (　).

　❶ blind　❷ deaf　❸ mute

6. 皆が持っている幼い頃の恋の思い出, そのような「**幼い恋**」を英語で言うと次のどれになるでしょうか？

　❶ baby love
　❷ bunny love
　❸ puppy love

lovesick です。　**5.** love に関する諺は多くあります。(例) Love conquers all.「愛は全てを克服する。」, All's fair in love and war.「愛と戦争は手段を選ばない。」　**6.** puppy は「子犬」。「青二才」という意味もあります。

答え【1. ❸　2. ❷　3. ❸　4. ❸　5. ❶　6. ❸】

10 恋愛

クイズじゃないけど こんな言葉も

*They **broke up** once but they **got back together** now.*

「その二人は一度**別れ**ましたが、いまでは**よりを戻し**ました。」

> 📝 10-2 でも見たように break up は男女が「別れる」場合の一般的な言い方です。「よりを戻す」は make up, reconcile, reunite など色々な言い方があります。separate は「別居する」です。

11
音・様子

日本語では便利な擬音語・擬態語，英語ではどう言い表すのかのクイズです。

11-1 「ガタガタ」「キーキー」，こんな音を英語では？

🗨 次の 1.～ 5. の音を表す英語を次ページの❶～❺からそれぞれ選んでください。

1.「ガチャン！」
（物が粉々に壊れて）

2.「ガタガタ」

📝 **解説** **1.** smash は動詞で「打ち壊す・衝突させる・ぶんなぐる」などの意味があり，そのときの音を表します。 **2.** rattle の典型は，窓などが「ガタガタ」震える，古い車が「ガタガタ」いう，またその音です。9-1 の赤ちゃん用具「ガラガラ」も思い出して下さい。英語で「ガラガラヘビ」は rattlesnake です。 **3.** squeak は，「キーキー」というきしむ音です。またネズミが「チューチュー」鳴く声，赤ん坊が「ギャーギャー」泣

3. 「キーキー」「ギーギー」(きしむ音)

4. 「ドーン！」(衝突)

5. 「カチッ！」

❶ crash ❷ click ❸ rattle ❹ smash
❺ squeak

く声などを表します。 **4.** crash は物どうしがぶつかって立てる大きな音で，「ガチャン」「ドスン」「ドン」などと訳せます。ちなみに飛行機の墜落事故は plane crash です。 **5.** click（クリック）の最も典型的な音はシャープペンやボールペンの芯を出すときの「カチッ」という音です。click はコンピュータのマウスを「クリックする」で皆さんもご存知ですね。

答え【1. ❹　2. ❸　3. ❺　4. ❶　5. ❷】

11-2 「ゴロゴロ」「パタパタ」、こんな音や様子を英語では？

💭 次の 1.〜5. の音や様子を表す英語を次ページの❶〜❺からそれぞれ選んでください。

1.「**ゴロゴロ**」(雷が)

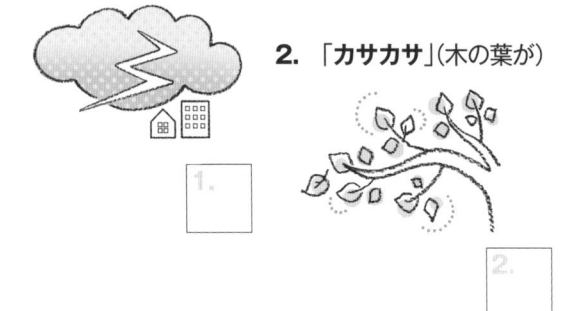

2.「**カサカサ**」(木の葉が)

📝 **解説** **1.** rumble は雷や電車, また空腹時に鳴るお腹の低く重々しい音を表します。 **2.** rustle は草や木の葉などが風で「カサカサ」「サラサラ」鳴る音や様子を表します。 **3.** snap にはいろいろな意味があります。例えば, 木の枝などが「ポキッと折れる」, ホックなどを「パチッととめる」,「カチッ・パチンと音を立てる」です。また snap one's fingers で「指を鳴らす」, take a snapshot で「スナップ写真を撮る」です。

3. 「パチン！」　　**4.** 「パタパタ」(羽ばたく)

5. 「パチパチ」(まきが燃える)

❶ crackle　❷ flutter　❸ rumble
❹ rustle　❺ snap

他に snap には「人にきつく言う・食ってかかる」などの意味もあります。　**4.** flutter は「羽ばたき」「はためき」です。また旗や洗濯物などが風で「パタパタ」はためく状態や，木の葉などが「ヒラヒラ」舞い落ちる様子を表します。　**5.** crackle は暖炉の中のまき，線香花火などが「パチパチ鳴る」という意味です。

答え【1.❸　2.❹　3.❺　4.❷　5.❶】

/5

11-3 「ポタポタ」「ドボン」, 水の音や様子を英語では？

💬 次の1.～5.の音や様子を表す英語を次ページの❶～❺からそれぞれ選んでください。

1.「**ポタポタ**」(滴が)　　**2.**「**ザー**」(水が流れて)

1.　　　　　　　　　　2.

📝 **解説**　**1.** drip には水などが「滴となり落ちる」などの意味があり,「ポタポタ」の音も表します。コーヒーを「ドリップする」など皆さんにもなじみがあると思います。　**2.** flush は水洗トイレを思い出してください。水洗トイレの水が勢いよく流れる状態またはその音が flush です。ちなみに「水洗トイレ」は flush toilet です。　**3.** splash は, 水が勢いよく跳ね上がる様子やその時の音を表すことから人や事柄に

3. 「ザバー」「ドボン！」

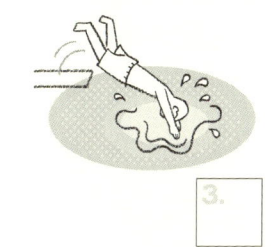

4. 「ブクブク」（泡立つ）

5. 「シュワシュワ」（炭酸水の泡が）

❶ bubble ❷ drip ❸ fizz ❹ flush ❺ splash

勢いがある様子，「華々しい」などの意味にも用います。（例）make a splash「大評判を得る・世間を騒がす」 **4.** bubble は「泡」のこと，また「泡がぶくぶくでる様子」を意味します。 **5.** fizz は gin fizz などで日本人にもなじみの単語。気泡が「シュワシュワ」している様子や音を表します。「活気・元気」などの意味もあります。

答え【1. ❷　2. ❹　3. ❺　4. ❶　5. ❸】

11-4 「キラキラ」「パッ！」，光る様子を英語で表すと？

💬 次の 1.〜5. のような光の様子を表す語を次ページの❶〜❺より選んでください。

1. 「ピカピカ」

2. 「ギラギラ」

📝 **解説** **1.** glitter は「ピカピカ・キラキラ光る」という意味で，一般的にダイヤモンドや宝石などが「光る」という意味に用い，次の glare より弱い光を表します。 **2.** glare は一般的に「太陽のギラギラ照りつける光」を表しますが，「目がくらむような光」も表します。 **3.** twinkle は星などが「きらめく・またたく」という意味です。*Twinkle, Twinkle, Little Star*「キラキラ星」という童謡は，読者の皆さんもご存知で

3. 「キラキラ」(星が)

4. 「パチッ！」(火花が)

5. 「パッ！」

❶ flash ❷ glare ❸ glitter ❹ sparkle ❺ twinkle

しょう。 **4.** sparkle は「火花を散らす」「火花が散るように輝く」という意味です。(例) The fireworks sparkle in the night sky.「花火が夜空に輝く。」 **5.** flash はカメラのフラッシュで皆さんもご存知でしょう。flash は名詞で「閃光・光」「ひらめき」，動詞で「ピカッと光る」「パッと心に浮かぶ・ひらめく」などの意味があります。

答え【1.❸ 2.❷ 3.❺ 4.❹ 5.❶】

/5

11-5 「クスクス」「ガラガラ」、こんな音や様子を英語では？

🗨 次の 1.〜 4.の音や様子を表す英語を次ページの❶〜❹からそれぞれ選んでください。

1.「**クスクス**」(笑う)　　**2.**「**ガラガラ**」(うがい)

📝 **解説** **1.** chuckle は「クスクス笑う」という意味です。giggle は主に女性や子供が「クスクス笑う」という意味に用いられます。 **2.** gargle は「うがいをする」という動詞であり、うがいのときの「ガラガラ」という音です。また「うがい薬」の意味もあります。 **3.** flip はページなどを「めくる」という意味、またそのときの音を表します。flip にはまた「ひっくり返す」という意味もあります。(例) Can you flip the egg?「卵をひっくり返してくれる？」。ちなみに、flip-flop で

3. 「パラパラ」
(紙をめくる)

4. 「パチパチ」
(手をたたく)

❶ chuckle/giggle ❷ clap ❸ flip ❹ gargle

サンダルなどが「パタパタ」鳴る音も表します。この flop は「バタンと倒れ込む」という意味です。flop (名詞)で「大失敗(作)」という意味もあります。(例) The movie was a complete flop.「その映画は完全なる失敗作であった。」 **4.** clap は「拍手」または「手をたたく」という意味で, 同時に拍手の音を表します。clap は他に, 戸などが「ピシャリ・バタン」と閉まる音なども表します。

答え【1. ❶　2. ❹　3. ❸　4. ❷】

11-6 「ハクション！」，英語でくしゃみはどんな音？

💬 次の 1.〜4. の音や様子を表す英語を次ページの ❶〜❹ からそれぞれ選んでください。

1.「ポリポリ」
　　（食べる）

2.「ムシャムシャ」
　　（食べる）

📝 **解説** **1.** crunch は「（かたい物を）ポリポリ・ガリガリ噛む」という意味ですが，最近ではコンピュータが大容量の情報を「処理する」という意味にも使われます。またカリカリした食感の食べ物について crunchy と言います。 **2.** munch は「モグモグ・ムシャムシャ」と物を食べること，またそのときの音を表します。 **3.** 日本語でのくしゃみ「ハクション！」は英語では atchoo(または achoo, ahchoo)!（ア

3.「ハクション!」

4.「ペッ!」(つばを吐く)

❶ atchoo ❷ crunch ❸ munch ❹ spit

チュ!)。英語のネイティブ・スピーカーがくしゃみをする時には本当に「アチュ!」と言うので驚かされます。誰かがくしゃみをすると,周りの人がBless you.「神の祝福がありますように。」と声をかけます。
4. spit は「つばを吐く」という意味ですが,軽蔑的な態度やもの言いをする場合にも用います。「ペッ」という音は ptooie などとも表します。
答え【1. ❷ 2. ❸ 3. ❶ 4. ❹】

11-7 | 「ニャー」，猫は英語で何と鳴く？

1. 下の写真のように，猫が体を丸めることを動詞で表すと次のどれになるでしょうか？

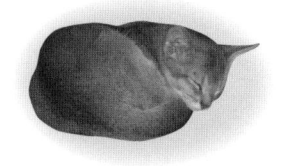

❶ curl up ❷ round up ❸ turn up

2. 「おす猫」のことを（　）cat，「おてんば娘」のことを（　）boy と言います。この（　）には共通してある人の名前が入りますが，それは次のどれでしょうか？

❶ Danny ❷ John ❸ Tom

📝 解説　**1.** curl up は「人や動物が体を丸める」という意味です。　**2.** Tom は Thomas のニックネームです。他に Tom を使った次のような表現があります。（例）every Tom, Dick and Harry「その辺の人はだれでも」。　**3.** meow は日本語としても「ミャオ」と言うことがあるので皆さんにも親しみがあるでしょう。

● 次の 3.～5. のような猫の鳴き声を英語ではどう表わすでしょうか？下の❶～❸よりそれぞれ選んでください。

3.「ニャー」

4.（怒って）「シューッ」

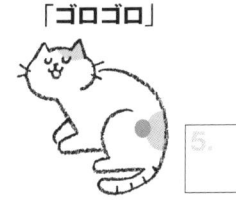

5.（満足げにのどを）「ゴロゴロ」

❶ hiss ❷ meow ❸ purr

---

4. hiss は猫が怒ったときの「シューッ」という鳴き声，またお湯が沸いてやかんが「シューッ」という音を出すときにも用いられます。 **5.** purr は猫が「喜んでのどを鳴らす」ですが，エンジンが「快調な音をたてる」などの意味もあります。

答え【1. ❶ 2. ❸ 3. ❷ 4. ❶ 5. ❸】

11 音・様子

11-8 「ワンワン」「クンクン」，犬は英語で何と鳴く？

1. 「**犬小屋**」は doghouse の他にも呼び名がありますが，何と言うでしょうか？
　❶ hutch　❷ kennel　❸ stable

2. 英語で **dog's life**「犬の生活」とはどんな生活でしょうか？下の中から選んでください。
　❶犬のように短くても楽しい人生
　❷犬のように快活で生き生きとした人生
　❸犬のように泣きごとや不満ばかりのみじめな人生

✍ 解説 **1.** hutch はウサギのような小動物を飼うための箱や小屋で，stable は馬小屋を意味します。　**2.** dog は man's best friend「人間の最高の友達」と言われ愛される存在である一方，「不幸がつきまとう」「見捨てる」「裏切り者」など悪い意味にも使われる動物です。　**3.** whine は犬がクンクン鼻を鳴らす時の様子。これを人にたとえ，人が「哀れっぽく泣く・ボソボソ

💭 次の3.〜5.のような犬の鳴き声を英語ではどう表わすでしょうか？下の❶〜❸よりそれぞれ選んでください。

3. （鼻を鳴らして）「**クンクン**」

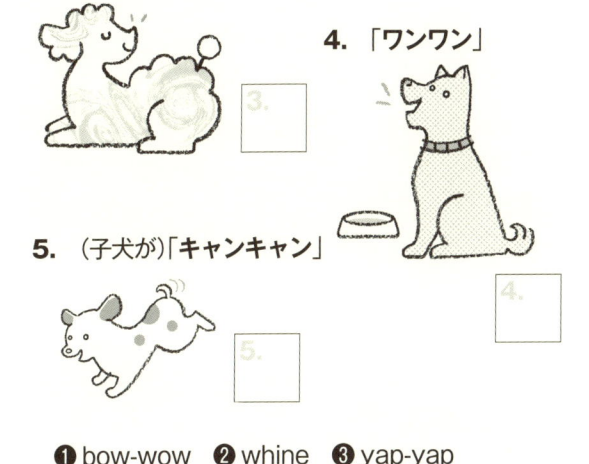

4. 「**ワンワン**」

5. （子犬が）「**キャンキャン**」

❶ bow-wow　❷ whine　❸ yap-yap

泣きごとを言う」などの意味もあります。　**4.** bow-wow は犬が bark「吠える」ときの声。　**5.** yap-yap「ヤップ・ヤップ」は，子犬の「キャンキャン」という鳴き声ですが，人が「くだらないことについてペチャクチャしゃべる」という意味にも用いられます。yip-yip という表現もあります。

答え【1.❷　2.❸　3.❷　4.❶　5.❸】

/5

11-9 「ピヨピヨ」「チュンチュン」, 鳥は英語で何と鳴く？

💬 次の 1.～6. の鳥の鳴き声を英語ではどう表すでしょうか？次ページの❶～❻よりそれぞれ選んでください。

1. ヒヨコ chick「**ピヨピヨ**」

2. 鳩 dove「**ポッポッ**」

3. 小鳥 bird「**チュンチュン**」

📝 **解説** **1.** cheep は「ピヨピヨと鳴く」という動詞でもあります。 **2.** coo-coo（クー・クー）には恋人どうしが「甘い声でささやく」という意味もあります。 **3.** chirp-chirp（チャープ・チャープ）には子供たちが「元気におしゃべりする」という意味もあります。 **4.** 雄鶏 rooster の cock-a-doodle-doo（クッカ・ドゥードゥ

4. 雄鶏 rooster 「コケコッコー」

5. ガチョウ goose 「ガーガー」

6. フクロウ owl 「ホーホー」

❶ cheep-cheep　　❷ chirp-chirp
❸ cock-a-doodle-doo　❹ coo-coo
❺ gabble-gabble　　❻ hoot-hoot

ル・ドゥー)に対し，雌鶏 hen は cluck-cluck (クラック・クラック)です。 **5.** gabble-gabble (ガボー・ガボー)。gabble は「早口でしゃべりまくる」という意味の動詞としても使われます。 **6.** whoo-whoo (フー・フー)とも表します。

答え【1. ❶　2. ❹　3. ❷　4. ❸　5. ❺　6. ❻】

11-10 │ 「ブーブー」「ヒヒーン」, 色々な動物の鳴き声

💬 次の 1.～6. の動物の鳴き声を英語ではどう表わすでしょうか？ ❶～❻よりそれぞれ選んでください。

1. 牛 cow「モー」

2. ブタ pig「ブーブー」

3. ヤギ goat「メー」

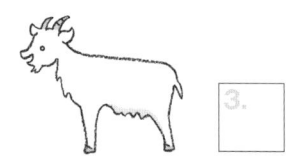

📝 **解説** **1.** moo（ムー）。牛乳のことを moo juice と呼ぶこともあります。 **2.** oink-oink（オインク・オインク）。ブタの甲高い金切り声は, ee-ee と表します。ブタの「ブーブー」という鳴き声は oink-oink ですが,「ブーブーと鳴く」は grunt という動詞で表します。 **3.** baa-baa (ba-ba)（バー・バー）。羊 sheep も鳴き方はヤギと同じく baa-baa, ba-ba, または bah-

4. 馬 horse「**ヒヒーン**」

5. ライオン lion「**ガオー**」

6. ロバ donkey「**ベヒー**」

❶ baa-baa ❷ grr ❸ hee-haw ❹ moo
❺ neigh ❻ oink-oink

bahで表します。 **4.** neigh（ネイ）には人が「大声を出す」という意味もあります。whinny（ホイニー）という表現もあります。 **5.** grr（ガー）は，大型機械が動くときの音にも用いられます。 **6.** hee-haw（ヒーホー）には人が「馬鹿騒ぎをする」という意味もあります。

答え【1. ❹　2. ❻　3. ❶　4. ❺　5. ❷　6. ❸】

11 音・様子

> クイズじゃないけど
> **こんな言葉も**

***Cough, cough.** I can't stop coughing.*

「ゴホン, ゴホン。咳が止まらないんだ。」

✏️ 「咳をする」は cough で, cough cough は「ゴホン・ゴホン」という咳をするときの音です。「たんがからんだ咳」は a cough with phlegm です。

12
英語あれこれ

比喩表現や，日本でもよく聞く英語の名前の豆知識など，知っててうれしいクイズ。

12-1 身のまわりの物を使った英語表現1

1. 英語で「**ぐっすり眠る**」ことを sleep like a (　　)「○○のように眠る」と言います。さて何のように眠るのでしょうか？

❶ brick レンガ
❷ fireplace 暖炉
❸ log 丸太

1.

2. 「ついていない」とグチをこぼしている人を「**おお，よしよし，かわいそうね～**」と冗談めかしてなぐさめるとき，英語では I'll play the (　　) for you.「君のために○○を弾いてあげる。」と言います。さてどんな楽器を弾いてあげるのでしょうか？

解説　1. sleep like a log は，ビートルズの *A Hard Day's Night* に次の歌詞があります。 And I've been working like a dog […] I should be sleeping like a log.「犬のように働いて […] 丸太のように寝るだけ。」　**2.** バイオリンを弾く仕草をして言うこともあります。（例）Oh my poor friend, I'll play the violin for you.「かわいそうに，同情するよ（君のためにバイオリンを弾いてあげるよ）。」　**3.** wet blanket

❶ guitar
❷ piano
❸ violin

3. 英語で「**場の雰囲気をそこねる人**」または「**座をしらけさせる人**」を wet (　　)「濡れた○○」と呼びますが、さてその○○は次のどれでしょうか？

❶ blanket 毛布
❷ pillow まくら
❸ sheet シーツ

「水を浸した毛布」は、燃え盛る火を消すために使われます。そこで盛り上がった場の雰囲気を台無しにする人をこのように言います。（例）Blair hardly comes to parties. Even when he comes, he doesn't stay long. He is such a wet blanket.「ブレアは滅多にパーティーに来ないし、来たとしてもすぐ帰ってしまう。まったくしらけさせるやつだ。」

答え【1. ❸　2. ❸　3. ❶】

12-2 身のまわりの物を使った英語表現2

1. 野球の試合などで「**不利な形勢を逆転する**」ことを turn the (　　)「○○を回す」と言います。さて次のどれを回せば形勢を一気に逆転することができるのでしょうか？

❶ chairs
❷ spoons
❸ tables

2. 「**親にそっくりな子供**」を英語では chip off the old (　　)「古い○○のかけら」と言います。さて次のどのかけらでしょうか？

✐ 解説　1. turn the tables「形勢を逆転する」は，チェスの相手が弱すぎるときに，チェスの盤(table)を半回転させ，弱い相手の手を自分の手にしてゲームを面白くすることに由来します。(例) The Japanese women's softball team at the last minute turned the tables against the US team.「日本女子ソフトボールチームは，アメリカチーム相手に最後に形勢を逆転した。」　**2.** block は「(木や石の)ひと塊」です。ブロックの chip「かけら(破片)」は小さいだ

❶ block
❷ bottle
❸ brick

3. 「君の言うことには一考の価値があるね」と言いますが，この「**一考の価値のあること**」は英語で（　　）for thought「考えるための○○」と表現します。では○○とは次のどれでしょうか？

❶ food
❷ oil
❸ medicine

けで，ブロックそのものということです。（例）My son is a chip off the old block. He is sociable but not good in school.「息子は私そっくりだ。人付き合いはいいけどね，学校ではゼンゼンだめ。」ちなみに brick は「れんが」です。　**3.** food for thought という表現を「思考は脳を活性化するための食べ物」であると考えれば，この表現は合点がいきますね。

答え【1. ❸　2. ❶　3. ❶】

12-3 | 偏見？国名，国民を使った英語表現

1. 英語では「**わけがわからないこと**」をある国の言葉にたとえ，He speaks (　　) to me.「彼は○○語を話す（＝彼の言っていることは意味不明だ）。」のように言います。(　　)に入るのは何語でしょうか？
  ❶ Chinese
  ❷ Greek
  ❸ Latin ラテン語

2. 「**割り勘で行こう。**」を英語では Let's go (　　). 「○○式で行こう」と言います。さて何式で行くのでしょうか？

📝 **解説** **1.** ギリシャ語は，英語のネイティブにとってはわけがわからない言葉のようです。（例）Nowadays what the youth say is all Greek to me.「最近の若者は何を言っているのかチンプンカンプン。」 **2.** オランダ人はヨーロッパではケチとされている国民です。ケチな人が他の人におごるわけがない，そこで go Dutch「オランダ式で行く」は「割り勘にする」という意味で使われるようになりました。ちなみに「割り勘にする」は通常 split the bill です。 **3.**

❶ Chinese
❷ Dutch オランダ
❸ German

3. Excuse my French.「フランス語で言ってしまってすみません。」とは，一体何を謝っているのでしょうか？
❶上品ぶった話し方をして
❷早口になってしまって
❸汚い言葉を使って

4. 英語で「**無断欠席する**」ことをある国民名を用いて take（　）leave と表現します。ではその国民は次のどれでしょうか？
❶ French　❷ Italian　❸ Spanish

フランス語が「汚い言葉」であるとは不思議ですね。もっとも，フランス人からすれば，Excuse my English. と言いたいところ？　4. take French leave は「無断欠勤」「無断退出」または「授業をサボる」という意味で使います。（例）If she continues to take French leave so often, she will be fired soon.「もし彼女がしょっちゅう無断欠勤し続けるなら，すぐに首になるよ。」

答え【1. ❷　2. ❷　3. ❸　4. ❶】

12-4 | 動物が出てくるこんな表現 1

1. 英語では「**食が細い**」「**あまり食べない**」ことを, eat like a (　　)「○○のように食べる」と言います。さて何のように食べるのでしょうか？

❶ bird
❷ rabbit
❸ squirrel

2. 逆に,「**大食い**」「**大食漢**」のことを eat like a (　　)「○○のように食べる」と言います。さて何のように食べるのでしょうか？

❶ bear　❷ cow
❸ horse

📝 **解説　1.** eat like a bird の直訳は「鳥のように食べる」ですが,「少しずつ食べる」または「食が細い」という意味に用いられます。（例）Amy is on a diet now so she eats like a bird.「エイミーはダイエットしているからちょっとしか食べない。」squirrel は「りす」です。　**2.** たくさん食べることを次のようにも言います。（例）What's for dinner mom? I could eat a horse!「ママ, 晩ご飯は何？腹ペコだよ！（馬一頭でも食べられるよ！）」　**3.** drink like a fish「魚のよう

3. 「**大酒を飲む**」ことを drink like a (　　)「○○のように飲む」と言います。さて何のように飲むのでしょうか。

① fish
② frog
③ whale

4. 英語で「**とても頑固**」を意味する表現に, stubborn as a (　　)「○○と同じくらい頑固」というものがありますが, その動物は次のどれでしょうか？

① camel ラクダ
② hippo カバ
③ mule ラバ

に飲む」は魚が口をあけてパクパクする様子が大酒飲みがひっきりなしに酒を飲む姿に似ていることに由来します。（例）You drink like a fish and eat like a horse.「君って大酒飲みの大食いだね。」 **4.** 西洋ではラバは頑固者の代名詞です。（例）It's no use trying to persuade my sister. She is just as stubborn as a mule.「いくら説得しようとしてみても無駄だよ。妹は頑固だからね。」

答え【1. ①　2. ③　3. ①　4. ③】

/4

ひと言 | 学校・会社 | 身近な物 | 算数 | スポーツ | 美容 | 病気・けが | 料理・食事 | 子育て | 恋愛 | 音・様子 | 英語あれこれ | 日本の英語 | 体の部位

12-5 | 動物が出てくるこんな表現2

1. 「のろのろしていてなかなか進まない」ことを英語ではある生き物にたとえ, at a (　　)'s pace「○○のペースで」と言います。さてその生き物は次のどれでしょうか？

❶ slug なめくじ
❷ snail かたつむり
❸ turtle かめ

2. 好奇心旺盛で何でも知りたがる人がいますが, **「詮索好きの度がすぎて痛い目にあう」**ことを意味する言葉として Curiosity killed the (　　).「好奇心

📝 **解説　1.** snail「かたつむり」は英語圏では「のろま」の代表格です。snail 自体に「のろま」という意味もあります。(例) I am writing my MA thesis at a snail's pace.「修士論文を書いていますが, ほとんど進んでいません。」　**2.** この表現は, もともと Care killed the cat.「心配事は猫も殺した」だったのですが, 20世紀になり Curiosity killed the cat. と言うようになりました。「好奇心は猫も殺した」の由来はよく知られていませんが, 猫のように, 何にでも近づい

は○○も殺した。」というものがあります。では，（　　）に入る動物は次のどれでしょうか？

❶ cat
❷ fly
❸ pigeon

3.「とても貧しい」ことを英語では poor as a （　　）「○○のように貧しい」と言いますが，それは次のどの動物でしょうか？

❶ butcher's dog 肉屋の犬
❷ church mouse 教会のネズミ
❸ funeral home cat 葬儀屋の猫

て詮索していると，いずれ痛い目にあうという意味です。（例）Don't be so nosey. Curiosity killed the cat.「あまり詮索すると，痛い目にあうわよ。」 **3.** 教会は貧しいところ，そしてそこに住むねずみは最も貧しいという意味です。（例）I was as poor as a church mouse while I was in graduate school.「大学院にいた頃は，とても貧しかったよ。」

答え【1. ❷　2. ❶　3. ❷】

12-6 | 人生についての こんな表現

1. 「**かなえられない夢を見る**」を英語では build a (　　) in the air「空中に○○を建てる」と言います。さて何を建てるのでしょうか？
- ❶ castle 城
- ❷ palace 宮殿
- ❸ paradise 楽園

2. born with a silver spoon in one's mouth「銀のスプーンを口にくわえて生まれる」とは，どのような子供として生まれることでしょうか？
- ❶裕福な家庭に生まれる
- ❷才能を持って生まれる
- ❸食いしん坊として生まれる

📝 **解説 1.** この表現は「空中楼閣を築く」と訳されます。「かなわない夢を見る」「空想にふける」などの意味です。build a castle in Spain とも言います。「現実にならない夢」という意味では pipe dream という表現もあります。 **2.** 銀のスプーンは裕福で幸福な家庭の象徴です。昔は子供が生まれたお祝いとして銀のスプーンは最高のプレゼントとされていました

3. Life begins at (　　). 「人生は○○歳から始まる」。英語圏ではこの年齢にかなりこだわりがあるようで，この年齢に達する誕生日には，友人や親戚を集め盛大にパーティーを行います。さて人生は何歳から始まるのでしょうか？

❶ 30　❷ 40　❸ 50

4. Nothing is certain but death and (　　). 「死と○○だけは必ずやって来る」は，ユーモアと悲哀に満ちた表現で，西洋人の現実的なものの見方が反映されています。さて人生で確かなものは死，そしてもうひとつは何でしょうか？

❶ bills 請求書
❷ debts 借金
❸ taxes 税金

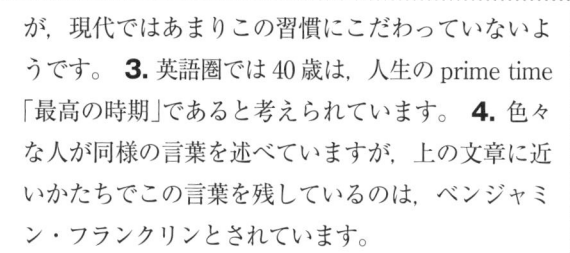

が，現代ではあまりこの習慣にこだわっていないようです。　**3.** 英語圏では40歳は，人生の prime time「最高の時期」であると考えられています。　**4.** 色々な人が同様の言葉を述べていますが，上の文章に近いかたちでこの言葉を残しているのは，ベンジャミン・フランクリンとされています。

答え【1. ❶　2. ❶　3. ❷　4. ❸】

12-7 色々な色を使った色々な表現

1. 日本で「**ポルノ映画**」はピンク映画と呼ばれます（ていました）が英語で表すと何色映画？
   ❶ blue ❷ purple ❸ red

2. 英語では大学の「**新入生**」を（　）pea「○色の豆」などと呼ぶことがありますが，さて何色でしょうか？
   ❶ green ❷ red ❸ white

3. 英語では「**悪意のないうそ**」「**人を傷つけないためのうそ**」を（　）lie「○色のうそ」と表現します。ではその色はどれでしょう？
   ❶ blue ❷ white ❸ yellow

📝 **解説 1.** 英語ではピンクは「健康」や「愛」を表します。blue には「猥褻」の他，「憂うつ」などを表します。**2.** 英語で green は「未熟な」の意味があります。**3.** white は「純潔」「敬虔」を表します。**4.** 米ドル紙幣は裏側が緑色で印刷されています。greenback とも言います。**5.** 汚い表現ですがよく使われます。アメリカでは「おべっか使い」を ass-kisser「おしりにキス

4. アメリカにおいては，ある紙には印刷に常に緑色が使われているため，**green** と言うだけでそのもののことを指します。それは次のうちどれでしょうか？

❶自動車運転免許証　❷パスポート
❸紙幣

5. brown-noser「茶色い鼻の人」とはどんな人のことでしょうか？

❶おべっか使い　❷正義感の強い人
❸傲慢な人

6. black sheep「黒い羊」とはどんな人のことでしょうか？

❶卑怯者　❷臆病者　❸厄介者

をする人」とも言い，おしりにキスをするとウンチが鼻につくので brown-noser となります。　**6.** 羊の毛は白いから衣服の素材として重宝されますが，black sheep「黒い羊」の毛は売れません。羊飼いにとって厄介者であるためこのような表現ができました。

答え【1. ❶　2. ❶　3. ❷　4. ❸　5. ❶　6. ❸】

12-8 | 名前について知っておくと便利なあれこれ

1. Becky（ベッキー）は英語の女性名のニックネームですが，それでは Becky の正式名は次のどれでしょうか？

❶ Margaret
❷ Rebecca
❸ Victoria

1.

2. 英語の男性名には**キリストの12使徒**の名前からとられたものがありますが，次のうち<u>そうでない</u>ものはどれでしょうか？

❶ Mike
❷ Peter
❸ Thomas

2.

📝 **解説** **1.** Margaret のニックネームは Maggie です。また Victoria のニックネームは Vickie または Vicky です。 **2.** Thomas は12使徒の一人で，キリストの復活を初めは信じなかった人物です。Peter（日本の聖書の訳では「ペトロ」）は，キリストと最後まで行動を共にした人で，最初のローマ教皇と見なされています。 **3.** アメリカの1996年の共和党からの大統領候補は Robert Dole ですが，Bob Dole の名で選

3. ボブ・ディラン(Bob Dylan)の **Bob** もニックネームです。それでは Bob の正式名は次のどれでしょうか？

① Brian
② James
③ Robert

4. アメリカでは身元不明の男性の死体が見つかったときなどに，その「**身元不明者**」に仮につけておく名前があります。それは次のどれでしょうか？

① John Bull
② John Doe
③ John Hancock

挙を戦いました。他に，合衆国第 42 代大統領の Bill Clinton の Bill は William のニックネームです。 **4.** John Doe は「名前のわからないまたは名前を伏せている男性」に用います。女性の場合は Jane Doe です。また，John Bull「典型的な英国人」，John Hancock はアメリカで「署名」の意味です。

答え【1. ② 2. ① 3. ③ 4. ②】

12-9 | 有名な人々の名前のあれこれ

1. 戦後の有名なアメリカの大統領と言えば**ケネディー（Kennedy）**です。イニシャルの**JFK**で呼ばれることも多い彼ですが，ファーストネームはJohn，ではミドルネームは次のどれでしょうか？
- ❶ Fitzgerald
- ❷ Frederick
- ❸ Friedrich

2. 故**ダイアナ妃**は，イギリスでは次のどのニックネームで呼ばれていたでしょうか？
- ❶ Princess Anna プリンセス・アナ
- ❷ Princess Di プリンセス・ダイ
- ❸ Princess Diane プリンセス・ダイアン

✓ 解説 **1.** ケネディー大統領のフルネームはJohn Fitzgerald Kennedy。第35代アメリカ大統領(35th President of the United States)です。 **2.** Dianaのニックネームは Di です。 **3.** 英語でのあだ名はMickですが, スペインではRatón Miguelito（ラトン・ミゲリート）, イタリアではTopolino（トポリーノ）

3. ディズニーランドのアイドル，**ミッキー・マウス（Micky Mouse）**のニックネームは次のどれでしょうか？

❶ Mick ミック
❷ Mike マイク
❸ Mitti ミッチ

4. 日本の天皇家には名字はありませんが，**イギリスの王家**には名字があります。さて現イギリス王家の名字は次のどれでしょうか？

❶ Edinburgh エジンバラ
❷ Wales ウェールズ
❸ Windsor ウインザー

5. アメリカで一番多い名字は次のどれでしょうか？

❶ Johnson　❷ Smith　❸ Williams

と呼ばれています。　**4.** Windsor 家[朝]は1917年ジョージ5世から始まります。現在の当主エリザベス2世は4代目にあたります。　**5.** アメリカで多い名字の順は次の通りです。1位 Smith，2位 Johnson，3位 Williams。

答え【1.❶　2.❷　3.❶　4.❸　5.❷】

12-10 | よく聞く名前を使った表現あれこれ

1. クリスマスといえば「**サンタクロース**」，でもサンタクロースという名前はこのおじさんのニックネームで本名ではありません。では彼の本名は次のどれでしょうか？

❶ Saint Christopher
❷ Saint David
❸ Saint Nicholas

1.

2. 英語で「**のぞき魔**」を表す言葉には，ある男性の名前がついていますが，それは次のどれでしょうか？

━━━━━━━━━━━━━━━━━━━━━━━━━

☑ **解説　1.** Saint Nicholas セント・ニコラスは紀元280年地中海の町（現在のトルコ）に生まれ，両親から引き継いだ遺産を貧しい人達に分け与えました。**2.** Peeping Tom（覗き魔トム）と言います。そのいわれ：11世紀のイギリス，意地の悪い領主を夫にもつゴダイバ婦人は，夫に重税の廃止の代わりに街の本通りを裸で馬に乗り駆け抜けることを約束しました。婦人が実際にそれを行なったとき，街には全てのドアと窓を閉ざすようお触れが出ましたが，仕立て屋のトムだけは覗き穴から夫人を見ていました。ちなみに，日本でも有名なベルギー生まれのチョコ

① David
② Rick
③ Tom

3. I need to go to the john.「ジョンに行かないと。」とは次のどこに行くことでしょうか？
①トイレ　②シャワー　③喫煙室

4. フェリス(Ferris)はよくあるラストネームですが, **Ferris wheel**「フェリスさんの車輪」とは, 次のどのことでしょうか？
①船のかじ　②観覧車　③扇風機

レート店，ゴディバは彼女の名前にちなんでいます。
3. the john がなぜトイレを意味するかには色々な説があり定かではありません。しかし I need to go to the john. は口語であり低俗な表現ですので，仲のいい友人以外には使わないほうがいいでしょう。もちろんフォーマルなディナーやデートの時にはご法度です。John が「トイレ」を意味するときには J は小文字(j)でその前に必ず the がつきます。　**4.** 観覧車は George Ferris がシカゴ万博(1893)のために考案しました。

答え【1. ❸　2. ❸　3. ❶　4. ❷】

クイズじゃないけど こんな言葉も

*I am a **last-minute person**.*

「私は何でもぎりぎりになってからやる人なの。」

☑ last-minute person は宿題などやらなければならないことを期限ぎりぎりまで放置しておく習慣がある人です。耳が痛い読者もいるでしょうか。last-minute type という表現もあります。

13 日本の英語

日本語のなかにとけ込んだあの言葉の正体をクイズで暴きます。

日本の英語

13-1 | 英語に見えて英語でない言葉1

💬 次の1.〜4.のそれぞれ3つの言葉の中に、いわゆる和製英語(英語としては意味が通じない語、または日本で考えられているものとは違う意味になってしまう語)がひとつ含まれています。それはどれでしょうか？

1.
- ❶ speed-down スピードダウン
- ❷ speed limit スピードリミット
- ❸ speed-up スピードアップ

1.

📝 **解説** **1.**「スピードダウン」speed-down は理にかなってはいる和製英語です。なぜなら speed-up は本来の英語表現ですので、その逆は speed-down であるはずです。しかし、英語では slowdown と表現します。 **2.**「スキンシップ」は日本人の造語力の賜物ですが、英語で表現すると physical intimacy ぐらいになるでしょう。ネイティブ・スピーカーには意味がわからない難解な表現です。 **3.**「コストダウン」が意味するところの「コストを減らす」の本来の英

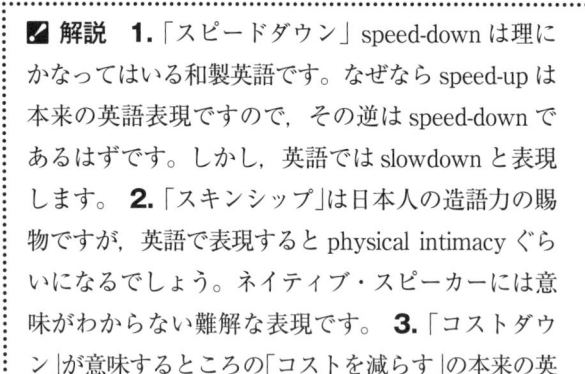

2.

1. friendship フレンドシップ
2. skinship スキンシップ
3. sportsmanship スポーツマンシップ

3.

1. cost down コストダウン
2. cost performance コストパフォーマンス
3. low-cost ローコスト

4.

1. paper towel ペーパータオル
2. paper driver ペーパードライバー
3. paper knife ペーパーナイフ

語は cost-cut です。cost down はネイティブ・スピーカーの中には「値段を下げるように頼む」という意味に聞こえるという人もいます。 **4.**「ペーパードライバー」paper driver はネイティブ・スピーカーの中には傑作だと賞賛する人もいる和製英語です。英語にはペーパードライバーのようにひと言で端的に言える表現はありません。

答え【1. ❶ 2. ❷ 3. ❶ 4. ❷】

13-2 | 英語に見えて英語でない言葉2

💬 次の1.～4.のそれぞれ3つの言葉の中に，いわゆる和製英語(英語としては意味が通じない語，または日本で考えられているものとは違う意味になってしまう語)がひとつ含まれています。それはどれでしょうか？

1.
- ❶ custom-made　カスタムメイド
- ❷ order-made　オーダーメイド
- ❸ tailor-made　テーラーメイド

1.

📝 **解説** **1.**「オーダーメイド」を英語ではcustom-made, tailor-made, made-to-orderなどと表現します。**2.**「アフターサービス」は「商品を買った後の修理や点検，保障」などを意味する和製英語です。これに相当する英語にはafter-sale(s)-service, customer service, after-purchase serviceなどがあります。**3.**「ベッドタウン」bedtownもネイティブ・スピーカーの中には傑作とほめる人もいる和製英語です。「ベッドタウン」に相当する英語はsuburb「郊外」ですが，

2.

- ① after service　アフターサービス
- ② customer service　カスタマーサービス
- ③ lip service　リップサービス

3.

- ① bedtown　ベッドタウン
- ② downtown　ダウンタウン
- ③ ghost town　ゴーストタウン

4.

- ① kissmark　キスマーク
- ② landmark　ランドマーク
- ③ trademark　トレードマーク

sub は「〜の下に位置する・〜に劣る」という意味で，あまりよい響きではありません。そこで bedtown は suburb に比べよくできた言葉と感じる人もいます。

4. 英語で「キスマーク」を表す最も一般的な言い方は hickey ですが，他に love bite または sucker bite という言い方があります。口紅の跡であれば lipstick または lipstick mark と言います。

答え【1. ② 2. ① 3. ① 4. ①】

13-3 英語に見えて英語でない言葉3

💬 次の1.～4.のそれぞれ3つの言葉の中に、いわゆる和製英語(英語としては意味が通じない語、または日本で考えられているものとは違う意味になってしまう語)がひとつ含まれています。それはどれでしょうか？

1.
① image-up イメージアップ
② line-up ラインナップ
③ make up メーキャップ

1.

📝 **解説 1.**「イメージアップ」は頻繁に使われる表現ですが、これも本来の英語ではない和製英語です。「イメージアップ」(名詞)を英語で表すと improvement of one's (public) image/impression のようになります **2.** 一般に「オープンカー」を英語では、折りたたみ式の幌により屋根つきに変わることから convertible (「変えられる」の意味)と呼びます。また屋根が開くので open-top と呼ぶこともあります。open car で意味が通じる場合もありますが、呼び名

2.
- ❶ cable car　ケーブルカー
- ❷ open car　オープンカー
- ❸ sports car　スポーツカー

3.
- ❶ ice cream　アイスクリーム
- ❷ whip cream　ホイップクリーム
- ❸ soft cream　ソフトクリーム

4.
- ❶ key holder　キーホルダー
- ❷ key person　キーパーソン
- ❸ key word　キーワード

として一般的ではありません。 **3.**「ソフトクリーム」は英語では、冷たいクリームがかたく固まっていないので、soft ice cream または soft-served ice cream と表現します。 **4.** 日本で言う「キーホルダー」は、英語で key chain や key ring と表現します。key holder で「(壁などにつける)かぎ掛けフック」「かぎ保管者」の意味です。

答え【1. ❶　2. ❷　3. ❸　4. ❶】

13-4 | 日本人には意外？この英単語の別の意味

💭 次の 1.～4. の英単語は，日本語から考えると意外な別々のものを表します。

(例) bill ── 紙幣 ── くちばし

ひとつは各単語の右横に示してあるので，もうひとつはどれか，それぞれ次ページの❶～❹から選んでください。

1. bulb ── 電球 ──（　）

2. cone ── ソフトクリームのコーン ──（　）

3. ear ── 耳 ──（　）

📝 **解説**　**1.** bulb は「球状のもの」，他に寒暖計の球，スポイトのゴムの部分などを表します。　**2.** cone は 4-3 で見たとおり，円錐形のものを指します。　**3.** とうもろこしの「1本」も ear を使います。例えば，「とうもろこし3本」は three ears of corn と言います。
4. scale は日本語でもよく使われる「等級・規模・度

4. scale —— はかり ——（　）

❶松ぼっくり　❷球根
❸(魚の)うろこ　❹(麦などの)穂

5. Japan を小文字 japan とすると次のどの意味となるでしょうか？
❶漆器　❷書道　❸活け花

合い」の他に「天秤・はかり」や「うろこ」などの意味を持つ語源が別の語があります。 **5.** japan (ware)は「漆器」という意味ですが、例えば小文字の china は「磁器」という意味です。ceramics「陶器」, porcelain「磁器」などの言葉も覚えておきましょう。

答え【1. ❷　2. ❶　3. ❹　4. ❸　5. ❶】

クイズじゃないけど こんな言葉も

*I went out wearing a **sleeveless** one-piece dress.*

「**ノースリーブ**のワンピースを着て出かけた。」

「ワンピース」の服を英語では one-piece dress と表現します。「長袖」は long sleeves「半袖」は short sleeves で,「長袖のシャツ」は long-sleeved shirt と言います。

14
体の部位

普段何気なくしている格好や体の部位を用いた英語表現をクイズで。

14-1 | この格好を英語で表すと？

💬 次の 1. 〜 3. のイラストの姿勢を英語で表すとどれになるでしょうか？次ページの❶〜❻からそれぞれ選んでください。

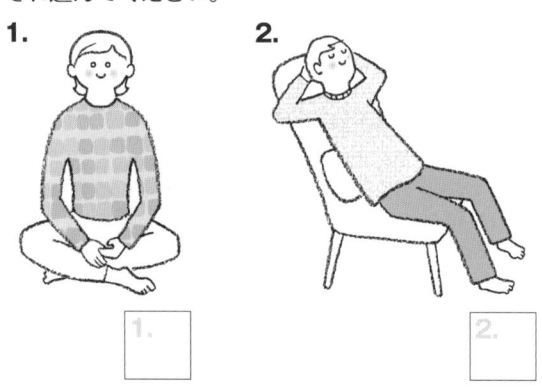

1.

2.

📝 **解説** **1.** sitting cross-legged：あぐらをかいて座る格好です。「あぐらをかく」ことを口語表現で, sitting (in) Indian style と言うこともあります。 **2.** slouching back：リラックスした姿勢で椅子や床に座る様子を表します。 **3.** being down on all fours：四つんばいの格好です。on all fours は「両ひじと両ひざの4点の上に(体をのせる)」ことを表しています。get down とすると「ひざまずく」動作を表します。※他の選択肢について：❶ squatting down：しゃがむ

3.

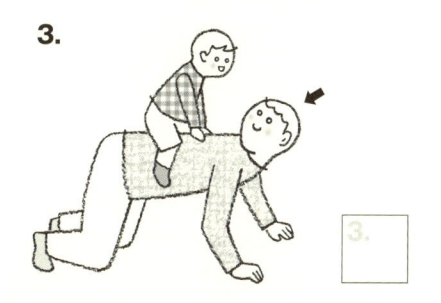

① squatting down
② being down on all fours
③ slouching back
④ being down on one's knees
⑤ sitting cross-legged
⑥ being down on one knee

格好です。squat（スクワット）はまた「しゃがんだ姿勢」も意味します。　④ being down on one's knees：両ひざをつく格好です。being down on all fours と同じで，on one's knees は「両方のひざの上に（体をのせる）」ということを表しています。　⑥ being down on one knee：片ひざをつく格好です。one knee であることに注意してください。

答え【1. ⑤　2. ③　3. ②】

14-2 体の部位を使った表現・初級

次の 1.～6. の日本語に合うように(　)に入る言葉をそれぞれ選んでください。

1.「ちょっと**手伝ってくれる**？」
Can you give me a (　)?
❶ hand　❷ head　❸ leg

2.「**ガンバレ**！状況はすぐに良くなるよ。」
(　) up!　Things will go your way soon.
❶ Arms　❷ Chin　❸ Shoulders

解説　1. この表現での hand は「支援・援助の手」という意味です。　**2.** 意気消沈したときには、とかくうつむきがちになるものです。Chin up! は文字通り「あごをあげて前を見ろ！」という意味です。　**3.** アメリカなどでは、中学校や高校ではグループワークが多いため、この表現を教師は好んで使います。

3.「2人の方が1人よりよい知恵が出る。」(日本語の諺で言えば「3人寄れば文殊の知恵」)
Two (　) are better than one.
❶ brains　❷ heads　❸ hearts

4.「この数学の問題はまったくわかんない。」
This math question is over my (　).
❶ back　❷ head　❸ shoulder

5.「現実を見ろよ！」
You have to (　) the reality.
❶ eye　❷ face　❸ nose

6.「口を慎みなさい。」
You have to watch your (　).
❶ lips　❷ teeth　❸ tongue

---

4. over my head の直訳は「自分の頭の上」で、「思考が及ぶ範囲外」という意味です。 **5.** この文での face は「直面する」という動詞です。 **6.** tongue には「言葉・言葉遣い」という意味があります。

答え【1. ❶　2. ❷　3. ❷　4. ❷　5. ❷　6. ❸】

14-3 | 体の部位を使った表現・中級

💬 次の 1.～5. の日本語に合うように( )に入る言葉をそれぞれ選んでください。

1. 「**魚心あれば水心。**」
You scratch my ( ), and I'll scratch yours.
❶ arms ❷ back ❸ head

2. 「**彼らを信じるな，きっと君を裏切るよ。**」
Don't believe in them, they will stab you in the ( ).
❶ back ❷ chest ❸ neck

📝 **解説 1.**「私の背中をかいてくれれば，君の背中をかくよ」が直訳です。 **2.** stab は刃物で「刺す」という意味です。They will smile in your face and stab you in the back.「彼らはニッコリ微笑みながら，後ろからブッスリ刺すよ」は，アメリカ人がよく使う表現です。特に競争社会での非情な会社組織や人間関係を皮肉った表現です。 **3.** under one's thumb は「誰々の言いなりになる(＝誰々のもの)」という意味

3. 「弱みを握ってから、彼は私の**言いなり**なのよ。」
He is under my ( ) since I have something on him.
  ❶ thumb ❷ middle finger
  ❸ little finger

4. 「なんとか**やりくりしている**よ。」
I have kept my ( ) above water.
  ❶ face ❷ head ❸ mouth

5. （食事に誘った友だちに）「どこも予約してないんだ。（どの店にするか）**その場で決めよう**。」
We haven't made a reservation, so why don't we play it by ( )?
  ❶ ear ❷ eye ❸ nose

です。 **4.** keep one's head above water つまり「頭だけなんとか水面に出ている」状態です。そこから「なんとかやりくりする」という意味に用いられます。 **5.** play it by ear は「耳で聞いた音を（楽譜など見ずに）演奏する」が直訳ですが、「計画なしにその場の状況に応じて行動する」という意味で用いられます。

答え【1. ❷ 2. ❶ 3. ❶ 4. ❷ 5. ❶】

14-4 体の部位を使った表現・上級

💬 次の 1. ～ 5. の日本語に合うように( )に入る言葉をそれぞれ選んでください。

1. 「近所の犬には**いらつく**なぁ，一晩中吠えていたんだ。」
My neighbor's dog is such a pain in the ( ). It was barking all night.
❶ back ❷ head ❸ neck

2. 「何か新しいことやってみたら。」
Why don't you get your ( ) wet ?
❶ body ❷ feet ❸ hands

📝 **解説** **1.** pain in the neck は日常頻繁に使われます。首の痛みは煩わしく苛立たせるものと考えれば合点がいくと思います。 **2.** get one's feet wet は「足を水につける」です。泳ぐ前に少しずつ足を水につけていく様子を思い浮かべてください。 **3.** on one's toes は「つま先立ちの状態」を表し，「油断していない（＝緊張している）」という精神状態を表します。 **4.**

3. 「コーチは選手達に、ゲームが終わるまで**油断するな**と言った。」

The coach told his players to stay on their ( ) until they finished the game.

① heels ② soles ③ toes

4. (結婚前に結婚が不安になる、つまりマリッジブルーになって)「**彼とでいいのかしら**…」

I got cold ( ) with him.

① feet ② hands ③ legs

5. 「そんなに怒らないで。**冗談で**言っただけなんだから。」

Don't get mad at me. I just said it ( ).

① tongue between lips
② tongue in cheek
③ tongue in mouth

---

get cold feet は直訳が「足が冷たくなる」ですが、「怖気づく」という意味です。特に結婚前の不安な心境に用いることが多いです。 **5.** この表現は冗談などを言った後に「本心からではない」ことを伝えるときに使います。舌先を頬の内側におしつける仕草に由来しています。

答え【1. ❸ 2. ❷ 3. ❸ 4. ❶ 5. ❷】

14 体の部位

クイズじゃないけど こんな言葉も

*She is sitting **with her legs crossed**.*
*She **is folding her arms** in front of her chest.*

「彼女は足を組んで椅子に座っている。」
「彼女は腕組みをしている。」

✍ 「足を組む」は cross (one's) legs です。14-1 の「あぐらをかく」との違いに注意してください。「腕を組む」は fold (one's) arms です。「～と腕を組んで歩く」は walk arm in arm with ～と言います。

英語生活力検定 級判定

本書は全部で436問のクイズを載せています。皆さんは合計何問できたでしょうか。下の表に各章の正解数を記入してから合計正解数を出して、次ページよりあなたの級を判定してください。

1 /20	2 /22	3 /38
4 /30	5 /27	6 /42
7 /33	8 /52	9 /25
10 /21	11 /50	12 /40
13 /17	14 /19	合計 /436

5級　正解数110問未満　☹

残念ながら，これでは生きていくのもおぼつかない…？　もっとも今回初実施の本検定，これにめげずに繰り返し挑戦してください。

4級　正解数110問〜219問　😐

まあ，何とかやっていけるでしょう…。まずは「7 病気・けが」を復習してサバイバル力を万全にしましょう。

3級　正解数220問〜329問　☺

留学や長く海外に滞在する予定があるならこのくらいはとっておきたいレベルです。ただ知識として知っているだけではなく，実際に使えるように問題の英文を音読練習しましょう。

2級　正解数330問〜389問　☺☺

英語生活力を着実につけてこられたあなたの英語習得法に敬服します。皆さんに自慢してください。ただ，履歴書の資格の欄には書かないでください。

1級　正解数390問以上　☺☺☺

長期の海外滞在経験がない人でこの点数ならば，驚きの英語力の持ち主です。おもしろいクイズができたら教えてください…。

参考文献・資料一覧

エベニーザ・コバム・ブルーワー『ブルーワー英語故事成語大辞典』大修館書店，1994
小山内大『現代アメリカ人に見る価値観』三修社，2001
小山内大『TOEIC テスト　イディオム攻略』三修社，2005
小山内大『TOEIC テスト　ボキャブラリー攻略』三修社，2005
小山内大『英語イディオムと口語表現 1700 完全詳解』三修社，2007
合衆国商務省センサス局編　鳥居泰彦監訳『現代アメリカデータ総覧 2003』東洋書林，2004
小西友七『英語前置詞活用辞典』大修館書店，1974
佐藤尚孝『英語イディオム由来辞典』三省堂，2001
三省堂編修所編『コンサイスカタカナ語辞典第 3 版』三省堂，2004
ベッティ・カークパトリック著　柴田元幸監訳『英語クリーシェ辞典：もんきり型表現集』研究社，2000
山田詩津夫著　David Thayne 監訳『アメリカ人ならだれでも知っている英語フレーズ 4000』小学館，2005
丸山孝男他『例文中心カタカナ語を英語にする辞典』大修館書店，1992
Adam Makkai., *A Dictionary of American Idioms, 4th edition*, Barrons, 2004
Jean-Claude Corbeil & Ariane Archambault., *Merriam-Webster's VISUAL Dictionary*, Merriam-Webster Inc, 2006
Judith Siefring., *The Oxford Dictionary of Idioms*, Oxford University Press, 2004
Richard A. Spears., *Phrases and idioms: A Practical Guide to American English Expressions*, NTC Publishing Group, 1999
America's Best Colleges, U.S. News and World Report, 2007
The World Almanac and Book of Facts 2008, World Almanac Education, 2008

[著者紹介]

小山内 大(おさない だい)
教育学博士。北海道苫小牧出身。テネシー大学大学院博士課程修了。ジョージア南大学助教授を経て現在は東京電機大学准教授。主な著書に『児童英語ワールド初級・中級・上級(CD)』(NECインターチャネル),『アメリカ人小学生と英語で勝負』(はまの出版),『新TOEICボキャブラリー攻略』『新TOEICイディオム攻略』『英語イディオムと口語表現1700完全詳解』(以上,三修社),その他多数。

Blair Thomson(ブレア トムソン)[英語アドバイザー]
ニュージーランド出身。10年間カナダで暮らす。言語教育学で修士号を取得後, NIC International College in Japanで英語を教える。現在は東京電機大学英語インストラクター。

〈クイズ〉英語生活力検定
©Dai Osanai 2008   NDC834/207p/18cm

初版第1刷	——2008年11月15日
第7刷	——2009年10月1日

著 者	——小山内 大
発行者	——鈴木一行
発行所	——株式会社 大修館書店
	〒101-8466 東京都千代田区神田錦町3-24
	電話 03-3295-6231(販売部) 03-3294-2355(編集部)
	振替 00190-7-40504
	[出版情報] http://www.taishukan.co.jp

装丁者	——井之上聖子
本文イラスト	——内田尚子／城谷俊也
印刷所	——広研印刷
製本所	——ブロケード

ISBN978-4-469-24537-0 Printed in Japan

®本書の全部または一部を無断で複写複製(コピー)することは,著作権法上での例外を除き禁じられています。